W0219606

Niveau intermédiaire

français.com

MÉTHODE DE FRANÇAIS
PROFESSIONNEL ET DES AFFAIRES

cahier d'exercices

Jean-Luc Penfornis

Activités interactives du DVD-Rom
réalisées par Marc Oddou

CLE
INTERNATIONAL
www.cle-inter.com

Crédit photos :
p. 27 : Frilet/SIPA PRESSE ; p. 29 : Pictor/AFP ; p. 43 : Archives LARBOR ;
p. 55 : Bibliothèque nationale de France, coll. Archives LARBOR.

Édition : Isabelle Walther
Illustrations : Claude-Henri Saunier
Mise en page : CGI / AMG

ISBN : 978-209-038039-2

TEST DE PLACEMENT

A. COMPRÉHENSION ORALE

Écoutez une question et trois réponses. Choisissez la réponse correcte.

		a.	b.	c.			a.	b.	c.
1	Question 1	❏	❏	❏	6	Question 6	❏	❏	❏
2	Question 2	❏	❏	❏	7	Question 7	❏	❏	❏
3	Question 3	❏	❏	❏	8	Question 8	❏	❏	❏
4	Question 4	❏	❏	❏	9	Question 9	❏	❏	❏
5	Question 5	❏	❏	❏	10	Question 10	❏	❏	❏

B. STRUCTURE DE LA LANGUE

11 Ma collègue Sarah .... 23 ans.

a. a ❏ **c.** est ❏
b. ai ❏ **a.** suis ❏

12 Qui est-ce ?
– C'est ...

a. Paul Martin ❏ **c.** un hôtel. ❏
b. mon bureau. ❏ **d.** le Canada. ❏

13 Ils .... chez Carrefour.

a. travaille ❏ **c.** travaillons ❏
b. travailles ❏ **d.** travaillent ❏

14 Sarah est plus rapide .... moi.

a. à ❏ **c.** comme ❏
b. de ❏ **d.** que ❏

15 Il ne va pas .... la réunion.

a. à ❏ **c.** dans ❏
b. chez ❏ **d.** de ❏

16 Je suis .... au bureau.

a. allé ❏ **c.** mangé ❏
b. dormi ❏ **d.** travaillé ❏

17 Elle est arrivée .... deux jours.

a. dans ❏ **c.** à partir de ❏
b. pendant ❏ **d.** il y a ❏

18 Je vais .... un café.

a. prend ❏ **c.** prendre ❏
b. prends ❏ **d.** prennent ❏

19 Elle a trouvé un .... travail.

a. nouvel ❏ **c.** nouveau ❏
b. nouvelle ❏ **d.** nouveaux ❏

20 .... test est très intéressant.

a. Ce ❏ **c.** Cette ❏
b. Cet ❏ **d.** Ces ❏

C. COMPRÉHENSION ÉCRITE

21 **Il est français, mais il ne parle pas ....**

a. anglais.

b. russe.

c. français.

22 **J'aime mon travail ....**

a. parce que c'est vrai.

b. parce que c'est bien payé.

c. parce que c'est jaune.

23 **Elle n'aime pas l'avion, ...**

a. elle prend l'avion.

b. elle préfère le train.

c. elle appelle un taxi.

24 **Tu es fatiguée, ...**

a. tu peux acheter un ordinateur.

b. tu as bien dormi.

c. tu devrais te reposer un peu.

25 **Paul est toujours en retard, ...**

a. il n'est jamais à l'heure.

b. il arrive avant tout le monde.

c. il est très ponctuel.

26 **Tu voyages seul(e) ou ....**

a. tous les jours ?

b. avant midi ?

c. avec le patron ?

D. EXPRESSION ÉCRITE

Complétez avec UN MOT.

Bonjour Malika,

J'espère (27) .... tu vas bien.

Je serai (28) ....

Paris la semaine prochaine et j'aimerais bien te voir.

Si c'est possible, dis-moi quand (29) .... es libre et où je (30) .... te retrouver.

À bientôt, j'espère.

Amitié

Jonathan

Vérifiez vos réponses page 1 du livret de corrigés et calculez votre résultat.

Votre résultat :

...... / 30

(1 point par réponse correcte)

Sommaire

1 prise de contact

1 Faire un tour de table

A. Grammaire

L'interrogation directe

1 ***Quel(s) / quelle(s) / lequel / laquelle / lesquels / lesquelles ?***

1. .... poste occupe-t-il dans l'entreprise ?

2. .... sont vos projets pour l'année prochaine ?

3. Il fait deux propositions. .... préfères-tu ?

4. Il est tard, je crois. .... heure est-il au juste ?

5. Dans .... pays habitez-vous ? Dans .... ville ?

2 ***À quel endroit / combien de temps / combien / comment / pour quelle raison ?***

1. Vous mettez .... pour aller au bureau ?

2. .... ne faites-vous pas de pause ?

3. Tu gagnes .... ?

4. .... faites-vous pour travailler si vite ?

5. Ton bureau se trouve .... ?

3 ***Qui est-ce qui / que / qu'est-ce que / qu'est-ce qui ?***

1. .... tu veux faire comme métier ?

2. .... dit-il ? Je n'entends pas bien.

3. .... vient ce soir ?

4. .... vous étudiez ? Le français ?

5. .... se passe ici ?

6. .... voulez-vous au juste ?

4 ***Qui est-ce qui / qui est-ce que / quoi / qu'est-ce que / qu'est-ce qui ?***

1. .... vous faites après le travail ?

2. Vous faites .... après dîner ?

3. .... travaille ici ? Vous ?

4. .... vous choisissez ? Pierre ou Paul ?

5. En .... consiste votre travail ?

6. .... vous motive dans le travail ?

5 **Voici les extraits de l'interview de deux personnes, Michiko et Jean-Nöel.**

a. Michiko travaille dans une librairie. Complétez les questions.

1. Michiko, ... nationalité êtes-vous ? – Je suis japonaise.

2. Qu' .... vous faites comme travail ? – Je suis vendeuse dans une librairie.

3. .... sont vos horaires de travail ? – Je travaille de 10 à 19 heures.

4. .... qu'il y a beaucoup de travail ? – Pas toujours. Quelquefois, il n'y a personne dans le magasin.

5. Qu' .... vous faites, alors ? – J'écris.

b. Jean-Noël habite à Londres depuis 10 ans. Trouvez les questions manquantes.
Ex. : Jean-Noël, quel âge avez-vous ? → J'ai 34 ans.

1. .... ?
Non, je suis marié.
2. .... ?
Elle est anglaise.
3. .... ?
Oui, nous avons un garçon.
4. .... ?
6 ans.
5. .... ?
Julien.

B. Vocabulaire

6 **Choisissez le mot qui convient.**

1. Il ... à un cours de français deux fois par semaine.
a. ☐ assiste
b. ☐ attend
c. ☐ apprend

2. Le ... de ce château est un homme riche.
a. ☐ participant
b. ☐ propriétaire
c. ☐ client

3. Il travaille comme ... dans une boutique de vêtements.
a. ☐ vendeur
b. ☐ serveur
c. ☐ réceptionniste

4. Cette entreprise a de nombreuses ... à l'étranger.
a. ☐ filiales
b. ☐ organisations
c. ☐ compagnies

5. Dans cette ... , les livres sont très chers.
a. ☐ école
b. ☐ bibliothèque
c. ☐ librairie

6. Elle ne parle pas français couramment, mais elle ...
a. ☐ s'informe
b. ☐ se débrouille
c. ☐ s'habitue

7. Il ... souvent la définition des mots dans le dictionnaire.
a. ☐ corrige
b. ☐ réussit
c. ☐ vérifie

8. Ils font des ... pour apprendre le français.
a. ☐ efforts
b. ☐ questions
c. ☐ affaires

C. Savoir-faire

7 **Alexandre Kicétou, le consultant de *français.com*, vous donne des conseils pour apprendre le français.**

A-t-il raison ? A-t-il tort ?	**Il a raison**	**Il a tort**
1. Quand vous lisez en français, vous devez chercher la définition de tous les mots dans le dictionnaire pour comprendre.	☐	☐
2. Il peut être utile de faire des exercices de grammaire.	☐	☐
3. Même si vous gardez un léger accent, les gens peuvent vous comprendre.	☐	☐
4. Avec de la volonté, vous pouvez apprendre une langue en deux semaines.	☐	☐

2 Engager une conversation téléphonique

A. Grammaire

Les pronoms personnels compléments

1 ***Le* ou *lui*?**

1. Pouvez-vous .... demander de me rappeler ?

2. Je vous .... passe.

3. Je peux .... joindre à quelle heure ?

4. Pouvez-vous .... expliquer le problème ?

5. Je .... téléphone demain matin.

2 ***Le, la, l'* ou *lui*?**

1. Elle est absente, pouvez-vous .... rappeler ?

2. Je .... appelle tous les jours.

3. Elle .... dit toujours la vérité.

4. C'est un menteur, je ne .... crois pas.

5. Je .... écris souvent, mais il ne répond jamais.

3 **Complétez avec le pronom complément qui convient.**

1. Dans votre entreprise, pour saluer vos collègues, est-ce que vous .... embrassez ou est-ce que vous .... serrez la main ?

2. Pour contacter vos clients, préférez-vous .... téléphoner ou .... envoyer des mails ?

3. Pour rencontrer votre directrice, est-ce qu'on peut .... appeler directement ou est-ce qu'il faut .... écrire ?

4. Quand votre directrice est énervée, est-ce que vous essayez de .... calmer ?

5. Quand Nicolas, votre collègue de bureau, fait tout le travail à votre place, que faites-vous pour .... remercier ? Est-ce que vous .... offrez des chocolats, comme il .... aime, ou est-ce que vous .... invitez au restaurant ?

4 **Récrivez les phrases suivantes en plaçant les pronoms entre parenthèses au bon endroit.**

1. Nous avons de nombreux clients en Allemagne. Je ne connais pas tous. *(les)*

....

2. Michael, notre client principal, écrit beaucoup et je rends souvent visite. *(m', lui)*

....

3. Il écrit en allemand, mais je préfère répondre en français. *(lui)*

....

4. Quand je demande d'écrire en français, il prétend que c'est trop difficile. *(lui)*

....

B. Vocabulaire

5 Les répliques suivantes, extraites de deux entretiens téléphoniques différents, sont dans le désordre. Mettez-les dans l'ordre.

Entretien 1

☐ **a.** Bonjour, c'est Manuel Picard à l'appareil. Pourrais-je parler à Raymond ?

☐ **b.** Je ne peux pas vous dire.

☐ **c.** Ce sera long ?

[1] **d.** Société Bayard, bonjour.

☐ **e.** Il est en ligne pour le moment. Voulez-vous patienter un instant ?

☐ **f.** Dans ce cas, je rappelle dans 10 minutes.

☐ **g.** Entendu.

Entretien 2

☐ **a.** Ne quittez pas, Mlle, je vous le passe tout de suite.

[1] **b.** Agence Dutour, j'écoute.

☐ **c.** Bonjour, pourriez-vous me passer M. Petit ?

☐ **d.** Merci bien.

☐ **e.** Qui dois-je annoncer ?

☐ **f.** Je vous en prie.

☐ **g.** C'est sa fille.

6 Voici un entretien téléphonique. Complétez les mentions manquantes.

– Société KM3, bonjour.

– Bonjour, c'est Félix à l'appareil, ... parler à Mme Dulac, s'il vous plaît ?

– Je ...., mais Mme Dulac est en réunion. .... un message ?

– Oui. Pouvez-vous .... que Félix a appelé ?

– Bien sûr, monsieur.

– Je peux .... à quelle heure ?

– Essayez dans une heure.

– Merci, je .... vers midi.

7 Dans l'entretien téléphonique suivant, la standardiste de la société KM3 manque de professionnalisme. Remplacez les formules qu'elle utilise par des formules plus appropriées.

Standardiste : Allô ! Oui ? → **1.** ***Société KM3, bonjour.***

Client : Puis-je parler à M. Picard, s'il vous plaît ?

Standardiste : Vous êtes qui ? → **2.** .... ?

Client : Daniel Ywi.

Standardiste : Vous écrivez ça comment ? → **3.** .... ?

Client : Y – W – I

Standardiste : C'est pourquoi ? → **4.** .... ?

Client : C'est au sujet de l'affaire Boton.

Standardiste : Quittez pas, je vous le passe. → **5.** ....

Client : Merci.

Standardiste : Picard est en ligne. Vous attendez ? → **6.** .... ?

Client : Est-ce que je peux laisser un message ?

Standardiste : Si vous voulez. → **7.** ....

Client : Voilà, pouvez-vous lui dire de…

3 Accueillir à l'aéroport

A. Grammaire

Le futur simple

1 Complétez les phrases avec des verbes au futur simple.

1. Je ne *po*.............................. pas vous accueillir à l'aéroport. *Po*..............................-vous prendre un taxi ?

2. Je vous *ap*.............................. de mon portable, dès que je *se*.............................. à Paris.

3. On *so*.............................. très tard du bureau ce soir, ne nous attendez pas.

4. Je vous *la*.............................. un message à la réception de l'hôtel.

5. C'est moi qui *au*.............................. le plaisir de vous accompagner.

Le passé composé

2 Paul, qui travaille à Montréal, au Québec, est en voyage d'affaires en Europe. Après quelques aventures, il vient d'arriver à l'hôtel et envoie le message suivant à une amie.
Mettez les verbes de ce texte au passé composé.

Arrivée à Paris

Retirer msg · Nouveau msg · Répondre · Transférer · Classer · Suivant · Imprimer · Sécurité · Supprimer · Arrêter

Objet : Arrivée à Paris
Date : Paris, le 18 avril 2012
De : paul.lavergne@aol.com
A : Noëlle Guilmain

Chère Noëlle,

J(e) .... (arriver) à Paris hier, après quelques aventures. Michel .... (oublier) de venir me chercher à l'aéroport. J(e) .... (prendre) un taxi. Malheureusement, le taxi .... (tomber) en panne sur l'autoroute et j(e) .... (devoir) faire de l'auto-stop. J(e) .... (attendre) trois quarts-d'heure au bord de l'autoroute, sous la pluie. Un camion .... (s'arrêter), j(e) .... (monter) et le chauffeur m(e) .... (déposer) à une station de métro. Et alors, pas de chance, j(e) .... (tomber) dans l'escalier du métro et j(e) .... (se tordre) le poignet. Rien de grave, mais j(e) .... (avoir) très mal. Après ça, j(e) .... (vouloir) acheter un ticket de métro, mais un type .... (passer) près de moi, m(e) .... (voler) mon portefeuille et .... (disparaître) à toute vitesse. Je n(e) .... (pouvoir) rien faire. Heureusement, un voyageur m(e) .... (offrir) un ticket. Sur le quai j(e) .... (attendre) le train pendant une heure à cause d'une grève.

Bien à toi,
PAUL

B. Vocabulaire

3 **Reliez les éléments des colonnes A et B.**

A		B
1. Le directeur nous a communiqué	*f*	**a.** en retard.
2. J'ai reconduit les visiteurs	....	**b.** la nouvelle directrice.
3. Ce n'est pas la peine de crier	....	**c.** des questions indiscrètes.
4. Il est encore arrivé	....	**d.** quelques jours.
5. Il n'a pas encore fait	....	**e.** ses valises.
6. Elle est restée chez nous	....	**f.** ses projets.
7. Il nous a présenté	....	**g.** si fort.
8. Il m'a posé	....	**h.** jusqu'à la sortie.

C. Lecture

4 **Jean et Béranger se sont donnés rendez-vous. Lisez et répondez aux questions ci-dessous.**

Acte 1

Jean : Vous voilà tout de même, Béranger.
Béranger : Bonjour, Jean.
Jean : Toujours en retard, évidemment ! *(Il regarde sa montre-bracelet.)* Nous avions rendez-vous à onze heures trente. Il est bientôt midi.
Béranger : Excusez-moi. Vous m'attendez depuis longtemps ?
Jean : Non. J'arrive, vous voyez bien. *(Ils vont s'asseoir à la terrasse du café.)*
Béranger : Alors, je me sens moins coupable, puisque… vous-même…
Jean : Moi, ce n'est pas pareil. Je n'aime pas attendre, je n'ai pas de temps à perdre. Comme vous ne venez jamais à l'heure, je viens exprès en retard.

Ionesco, *Rhinocéros*, Acte 1, Éd. Gallimard.

14

Acte 1

15

1. À quelle heure Jean et Béranger ont-ils rendez-vous ?

....

2. Combien de temps Jean a-t-il attendu ?

....

3. Pourquoi Béranger se sent-il moins coupable ?

....

4. Pourquoi Jean est-il en retard ?

....

4 Accueillir dans l'entreprise

A. Grammaire

Le passé récent

1 **Complétez les phrases en utilisant les verbes suivants au passé récent (*venir de* + infinitif):**
arriver, sortir, se terminer, se rappeler

1. La réunion .... , la salle est libre.

2. Désolée, elle .... Pouvez-vous rappeler dans une heure ?

3. Je .... que j'ai rendez-vous chez le dentiste.

4. Les clients .... Pouvez-vous les recevoir tout de suite ?

L'interrogation directe

2 **Vous recevez par courrier électronique le message suivant.**

Invitation

Retirer msg Nouveau msg Répondre Transférer Classer Suivant Imprimer Sécurité Supprimer Arrêter

Invitation
De : Félix Beautemps
A Vous@français.com

Hier, j'ai visité <u>une entreprise</u>. À l'accueil, j'ai rencontré par hasard <u>une personne</u> que tu connais bien. Nous avons parlé <u>de beaucoup de choses</u>. Nous avons décidé de nous revoir <u>bientôt</u>. Nous irons <u>quelque part</u> et nous ferons <u>des choses</u> ensemble. Est-ce que tu veux nous accompagner ?
Félix

Le message de Félix est très imprécis et vous voulez plus d'informations. Rédigez une réponse en posant des questions. Faites l'inversion du sujet et du verbe.

Re : Invitation

Retirer msg Nouveau msg Répondre Transférer Classer Suivant Imprimer Sécurité Supprimer Arrêter

Objet Re : Invitation
De : Vous@français.com
A Félix Beautemps

Mon cher Félix,
Merci pour ton invitation. Mais tu me caches beaucoup de choses.

1. Quelle entreprise as-tu visitée ?

2. ....

3. ....

4. ....

5. ....

6. ....

B. Vocabulaire

3 **Au cours d'un cocktail organisé par la société KM3, une invitée, Sylvie Lepage, engage la conversation avec Félix. Complétez la conversation à l'aide des expressions de la liste ci-contre.**

Sylvie : Oh pardon ! J'ai renversé votre verre.

Félix : ....

Sylvie : Permettez-moi de me présenter, Sylvie Lepage.

Félix : ....

Sylvie : Voulez-vous un autre verre de Champagne ?

Félix : ....

Sylvie : Tenez, voici votre verre. Puis-je vous poser une question ?

Félix : ....

Mes condoléances.
Avec plaisir.
Félicitations.
Vous permettez ?
Ce n'est rien.
Comment allez-vous ?
Enchanté(e).
Bien sûr que non.
Je vous en prie.

4 **Vous-même assistez à ce cocktail.**
Que répondez-vous aux questions ou remarques suivantes ?

1. Je viens de réussir mon examen. ....

2. Je ne vous dérange pas ? ....

3. Vous permettez que je fume ? ....

4. Je viens de perdre ma fiancée. ....

C. Savoir-faire

5 **Vous travaillez à l'accueil de la société KM3. Un client, William Sanchez, se présente. Vous devez le faire patienter. Que faites-vous ?**

	Oui	Non
1. Je souris au visiteur.	☐	☐
2. Je l'invite à s'asseoir.	☐	☐
3. S'il le souhaite, je prends le temps de discuter avec lui.	☐	☐
4. Je lui raconte ce que j'ai fait pendant le week-end.	☐	☐
5. Je lui offre un verre de bière.	☐	☐
6. Je m'adresse à lui par son nom de famille : « Monsieur Sanchez, puis-je... ? »	☐	☐
7. Je le vouvoie.	☐	☐
8. Je lui parle du caractère de la personne qu'il va rencontrer.	☐	☐
9. J'essaye de le séduire.	☐	☐
10. Je lui explique les consignes de sécurité en cas d'incendie.	☐	☐

2 agenda

1 Prendre rendez-vous

A. Grammaire

Le conditionnel présent

1 Complétez les phrases à l'aide des verbes suivants au conditionnel présent :
avoir, être, aimer, pouvoir, savoir
Ex. : ***J'aimerais*** savoir si vous êtes libre demain.

1. Excusez-moi, est-ce que vous .... du feu ?

2. Tu .... passer au bureau dans la soirée ?

3. Mme Dulac .... heureuse de vous rencontrer.

4. Est-ce que vous .... à quelle heure elle revient ?

2 Voici les réponses. Imaginez les questions en employant le conditionnel.

Ex. : ***Vous auriez l'heure, s'il vous plaît ?***	Il est trois heures pile.
1. .... ?	Je regrette, elle est absente pour la journée.
2. .... ?	Je préférerais qu'on se retrouve ailleurs.
3. .... ?	Vous pouvez me joindre sur mon portable.
4. .... ?	À ta place, je prendrais des vacances.

B. Vocabulaire

3 Lise veut prendre rendez-vous avec Martin. Replacez dans l'entretien suivant les répliques ci-contre de Martin.

Lise : Bonjour, c'est Martin ?
Martin : (1) ....
Lise : C'est Lise.
Martin : (2) ....
Lise : Je t'appelle au sujet de l'affaire Cerise. Est-ce qu'on pourrait se voir la semaine prochaine ?
Martin : (3) ....
Lise : Tu pourrais mercredi ?
Martin : (4) ....
Lise : Pas de chance, ça ne m'arrange pas.
Martin : (5) ....
Lise : D'accord. On peut se voir vers 10 heures.
Martin : (6) ....
Lise : Disons 14 heures, alors, au Café du Commerce.
Martin : (7) ....

a. Qu'est-ce que tu dis de vendredi, alors ?
b. Bien sûr. Quel jour te conviendrait ?
c. C'est lui-même.
d. J'aimerais autant après déjeuner.
e. Malheureusement, je ne suis pas libre de la journée. Jeudi, c'est possible ?
f. Ça marche. À vendredi !
g. Ah, salut, Lise. Qu'est-ce qui t'amène ?

4 **Dans les questions suivantes, complétez les mots.**

Ex. : Quelle heure vous C O N V I E N D R A I T?

1. Est-ce que 15 heures vous I _ _ _ T ?

2. Que D _ _ _ _ S-tu de 15 heures ?

3. 15 heures, ce serait P _ _ _ _ _ _ _ E ?

4. À 6 heures, tu serais L _ _ _ E ?

5. 6 heures, ça m'A _ _ _ _ _ _ _ _ _ _ T ?

6. On P _ _ _ _ _ _ T se V _ _ R à quelle heure ?

5 **Vous trouvez ce message sur votre répondeur téléphonique, mais certains mots sont effacés. Retrouvez les mentions manquantes parmi les termes proposés.**

« Monsieur Dupont, bonjour, je suis madame Guérin, de la Banque populaire, je fais suite à un (1) .... que vous avez reçu de notre agence concernant la gratuité de la carte bleue. Si vous êtes intéressé, je vous (2) .... de me (3) .... au 01 53 35 93 37, de 9 heures à 17 heures, sauf le mercredi. Je vous (4) .... une bonne journée. Au revoir, monsieur. »

(1) agenda, courrier, entretien, rendez-vous
(2) amène, arrange, importune, propose
(3) contacter, convenir, retrouver, voir
(4) espère, présente, rappelle, souhaite

C. Écriture

6 **Voici le message téléphonique de la société KM3.**

« Bonjour. Vous êtes bien en communication avec la société KM3. Vous pouvez appeler aux heures d'ouverture de nos bureaux, du lundi au vendredi, de 9 heures à 18 heures, sans interruption. Vous pouvez également laisser un message après le bip sonore. Merci. »

a. Quand peut-on joindre la société KM3 ? ....

b. Quand devez-vous parler ? ....

c. Vous avez un nouveau répondeur à votre domicile. Écrivez votre annonce.

....

....

....

....

....

....

....

2 Changer de rendez-vous

A. Grammaire

L'expression du futur

1 Récrivez les phrases en utilisant le futur proche (*aller* + infinitif).
ATTENTION ! Il y a une phrase où il n'est pas possible d'utiliser le futur proche.

Ex. : Tu le vois à quelle heure ? → ***Tu vas le voir à quelle heure ?***

1. Ne quitte pas, je l'appelle. → ....
2. Félix arrive dans une heure. → ....
3. Elle est en vacances depuis le 1er août. → ....
4. Je te téléphone, c'est promis. → ....
5. Il ne veut pas venir. → ....
6. Qu'est-ce qu'on lui offre pour son anniversaire ? → ....
7. On va tous lui rendre visite. → ....

2 Mettez les différentes étapes dans l'ordre chronologique.

☐ **a.** Elle finit de ranger le bureau.
☐ **b.** Elle est sur le point de ranger le bureau.
☐ **c.** Elle est en train de ranger le bureau.
☐ **d.** Elle va bientôt ranger le bureau.
☐ **e.** Elle vient de ranger le bureau.

3 Indiquez si le verbe souligné exprime une action présente ou future.

	Présent	Futur
1. Tu <u>pars</u> à quelle heure ?	☐	☐
2. Je regrette, elle <u>est</u> en déplacement.	☐	☐
3. Reste ici, je <u>reviens</u> tout de suite.	☐	☐
4. Il <u>arrive</u> dans une minute.	☐	☐
5. Elle <u>prend</u> l'avion à 14 h 30.	☐	☐
6. Il ne <u>parle</u> pas de la journée.	☐	☐
7. En ce moment, elle <u>travaille</u> à Paris.	☐	☐

B. Vocabulaire

4 Les répliques suivantes, entendues à l'entrée d'un concert, sont dans le désordre.
Mettez-les dans l'ordre. Trouvez deux possibilités.

☐ ☐ **a.** Pour demain, alors.
1 1 **b.** Je voudrais une place pour le concert de ce soir, s'il vous plaît ?
☐ ☐ **c.** Je regrette, mais c'est également complet.
☐ ☐ **d.** Désolé, monsieur, mais tout est complet.
☐ ☐ **e.** Désolé, monsieur, mais c'est demain le dernier jour.
☐ ☐ **f.** Et après-demain ?

C. Savoir-faire

5 **Voici trois secrétaires qui répondent au téléphone.**

a. Dans chacun de ces entretiens, devinez pour quelle raison appelle le correspondant.

Entretien 1

Voulez-vous patienter un instant, s'il vous plaît... Je consulte son agenda... Est-ce que demain à la même heure vous conviendrait, monsieur Belleville ?

....

....

Entretien 2

Société Potiron, j'écoute.

Madame Laffaire est en réunion.

À quel nom ?

Entendu, je transmettrai.

....

....

Entretien 3

Non, non, je suis Jade Brouillon, la nouvelle secrétaire, l'autre est partie, elle a démissionné.

Jeudi... attendez... c'est quelle date, jeudi ? Ah oui, voilà... Alors, vous dites que vous ne pouvez pas... que vous rappellerez... En fait, ça va arranger madame Prune, elle est très fatiguée, et puis...

Au revoir, madame.

....

....

b. De ces trois secrétaires, quelle est la plus :

	1	2	3
1. aimable ?	☐	☐	☐
2. confuse ?	☐	☐	☐
3. pressée ?	☐	☐	☐
4. inefficace ?	☐	☐	☐
5. sèche ?	☐	☐	☐
6. indiscrète ?	☐	☐	☐
7. polie ?	☐	☐	☐
8. professionnelle ?	☐	☐	☐

3 Organiser son temps de travail

A. Grammaire

Les expressions de temps

1 **Maude travaille au siège social d'une grande entreprise parisienne. Elle voyage beaucoup et a un emploi du temps très chargé. Complétez les phrases suivantes en choisissant le bon terme.**

1. Ce soir, à 18h34, Maude prend le train pour Rennes. Elle revient demain par le train [de | ~~du~~] 15h45.
2. Après-demain, elle a une réunion importante. Cette réunion commence à 9 heures et doit durer [jusqu'à | d'ici] midi. À 23 heures, [au | le] même jour, elle prend l'avion pour Rio de Janeiro. Elle arrive à Rio [au | le] lendemain matin.
3. [Durant | Dans] toute la journée du samedi, Maude était au salon du tourisme, à Lisbonne.
4. Aujourd'hui, elle avait un rendez-vous avec M. Bourdon tôt [au | le] matin. Une heure et demie plus tard, à 10 heures [exactes | précises], elle a rencontré Maxime.
5. Hier, elle a déjeuné avec Manuel. Elle a pris un avion pour Paris [il y a | en] fin d'après-midi, [pour | vers] 17 heures.
6. À Rennes, elle doit visiter la nouvelle usine [dans | pendant] toute la matinée, [de | du] 9 heures [à | au] 12h00.
7. Avant-hier, elle a visité Lisbonne [de | du] matin [à | au] soir. Elle a assisté à un concert [dans | depuis] la soirée.

B. Lecture

2 **Relisez les informations de l'exercice 1 et complétez les pages de l'agenda de Maude.**

Jour		
Samedi 9		
Dimanche 10		
Lundi 11		
Mardi 12		
Mercredi 13	15 h 45 : Départ pour Paris	
Jeudi 14		
Vendredi 15		

3 **En arrivant au bureau, Maude trouve cinq messages. Complétez ces messages en utilisant certains mots ou groupes de mots de la liste ci-contre.**

Dimanche, lundi, aujourd'hui, mois prochain, XXIe siècle, 6 avril, 17 avril, 23 avril, 14 mai, 25 décembre, 11 h 00, 13 h 00, 19 h 00

1

Re : document Salon

Retirer msg | Nouveau msg | Répondre | Transférer | Classer | Suivant | Imprimer | Sécurité | Supprimer | Arrêter

Objet : Re : Document Salon
Date : lundi 16 avril 2015
De : Gaël Billet (gaël.billet@ddi.eu)
A Maude Poivron (clpoivron@sitex.eu)

Merci pour ton message. Les documents sont prêts.
Je te les envoie dès .... par courrier express.
Bien à toi,
Gaël

2

• *Service Médical*

Date : le 16 avril 2015
À l'attention de Maude Poivron

Nous vous confirmons votre rendez-vous pour demain .... à 15 heures avec le docteur Guérin.

3

MESSAGE

À l'attention de : Maude Poivron
De la part de : Félix Beautemps
Date : 16 avr. 2015

Merci d'appeler M. Beautemps
au 06 34 67 34 98 (portable)
ou au 01 42 33 52 38
(Il sera chez lui ce soir après ....)

Fanny

4

16/04
Réunion mensuelle

Vous trouverez ci-joint le compte rendu de la réunion du
....
La prochaine réunion est fixée au .... à 10 heures.

Cordialement
François

5

Note de service

16/04/2015

Expéditeur : *Direction administrative*
Destinataire : *À tous les membres du personnel*

À partir du 2 mai prochain, la vente des tickets restaurants aura lieu le .... de .... à 12 h 00 au secrétariat du personnel (Bureau de M. Chardonnet).

René Beaufort

4 Communiquer un emploi du temps

A. Lecture

1 Lisez la lettre ci-contre et répondez aux questions suivantes.

1. Qui est l'expéditeur ?

....

2. Qui est le destinataire ?

....

3. Où a été écrite cette lettre ?

....

4. À quelle date ?

....

5. Que demande l'auteur de la lettre ?

....

6. Soulignez les formules qu'il utilise pour :
- demander,
- remercier,
- saluer.

Catherine CORAL
6, route de la Gare
56000 VANNES
ccoral@wanadoo.eu
Tél. : 01 45 65 77 89

BIPLEX
343, av. du Canada
35000 RENNES

Vannes, le 15 janvier 20xx

***Objet :** Demande de catalogue*

Madame, Monsieur,

Je vous prie de bien vouloir m'envoyer à l'adresse indiquée ci-dessus votre catalogue et votre liste de prix.

Je vous en remercie par avance.

Veuillez recevoir, Madame, Monsieur, mes meilleures salutations.

Catherine Coral

2 Trouvez dans cette lettre des mots qui signifient :

1. adresser : ....

2. agréer : ....

3. distinguées : ....

3 Comparez cette lettre avec l'entretien téléphonique suivant.

– Société Biplex, bonjour.
– Bonjour, monsieur, Catherine Coral à l'appareil. Pourriez-vous m'envoyer votre nouveau catalogue avec les tarifs ?
– Avec plaisir, madame. Vous êtes cliente chez nous ?
– Non, pas encore.
– Pouvez-vous me laisser vos coordonnées ?
– Oui, Catherine Coral, 6, route de la Gare, 56000 Vannes.
– C'est noté, madame, 6, route de la Gare, 56000 Vannes. Je m'en occupe tout de suite.
– Merci, au revoir.
– Au revoir, madame.

	Lettre	Entretien
1. J'utilise l'interrogation directe.	☐	☐
2. J'organise mes idées, je fais un plan.	☐	☐
3. Je répète les mêmes informations.	☐	☐
4. J'adopte un ton formel, direct, plutôt froid.	☐	☐

B. Écriture

4 Reconstituez les phrases suivantes, extraites de différentes lettres.

1. Nous avons bien reçu	*b*
2. Nous vous présentons	…
3. Vous trouverez	…
4. Je suis contraint	…
5. Il m'est impossible	…
6. Nous espérons	…
7. Je suis intéressé	…
8. À la suite	…
9. Je fais suite	…

a. toutes nos excuses pour cet incident.
b. votre courrier du 3 mars.
c. ci-joint une proposition de contrat.
d. par vos produits.
e. à notre entretien téléphonique du 3 mars.
f. pouvoir vous rencontrer prochainement.
g. de devoir annuler ma visite.
h. de vous régler dans les délais convenus.
i. de votre demande du 6 mars, nous vous adressons ci-joint notre nouveau catalogue.

5. Il y a deux mois, vous avez traduit un document professionnel du français vers votre langue. Vous avez envoyé ce document à la SAPEC, 23 rue de la Fidélité, 75010 PARIS. Mais depuis, vous n'avez reçu aucune nouvelle, vous n'avez pas été payé(e) et vous vous demandez même si votre envoi est bien arrivé à son destinataire. Écrivez pour éclaircir la situation.

………………………………………
………………………………………
………………………………………

………………………………………
………………………………………
………………………………………

………………………………………

………………………………………

…………………………

……
……
……
……
……
……
……
……

3 voyage

1 S'informer sur le lieu de destination

A. Grammaire

Le discours rapporté

1 Complétez.

1. Je ne sais pas .... il y a d'habitants dans cette ville.
2. Elle me demande sans arrêt .... ma santé est bonne.
3. Je ne comprends pas .... vous me racontez.
4. J'aimerais bien savoir .... tu téléphones. À Félix ?
5. Tu sais .... vient ce soir ?
6. Je me demande bien .... on va faire à Paris.
7. Je me demande .... vous arrive.
8. Il ne sait pas à .... heure est la réunion.
9. Le médecin lui conseille .... se reposer.
10. Elle dit .... Montréal est une belle ville.

2 Transformez d'après les exemples.

Ex. : – Restez prudent ! → *Félix nous conseille* ***de rester prudent.***
– Vous connaissez Paris ? → *Il nous demande* ***si on connaît Paris.***

1. Prenez le train ! → Félix nous conseille ....
2. Je n'ai pas peur de l'avion. → Il prétend ....
3. Vous pouvez visiter le Louvre. → Il nous suggère ....
4. Voulez-vous me suivre ? → Il nous propose ....
5. Ne rentrez pas trop tard. → Il nous recommande ....
6. Qu'est-ce que vous dites ? → Il te demande ....
7. Qu'est-ce qui se passe ? → Il aimerait bien savoir ....
8. Qu'est-ce que tu as oublié ? → Il te demande ....

B. Civilisation

3 Complétez.

1. Les .... séparent la France et l'Italie.
2. La .... passe par Paris et se jette dans la Manche.
3. .... est né en Corse.
4. On a construit la .... pour l'Exposition Universelle de 1889.
5. Louis XIV a fait construire le .... de ....
6. On trouve de beaux châteaux dans la vallée de la ....

4 **Chassez l'intrus.**

Ex. : janvier – mars – mai – ~~printemps~~.

1. *Villes françaises* : Lyon – Genève – Lille – Marseille.
2. *Régions françaises* : Normandie – Bretagne – Écosse – Provence.
3. *Langue française* : Sénégal – Équateur – Québec – Suisse.
4. *xxe siècle* : de Gaulle – Clovis – Mitterrand – Sartre.
5. *Écrivains* : Zola – Pasteur – Flaubert – Rabelais.
6. *Peintres* : Gauguin – Matisse – Proust – Monet.
7. *Musiciens* : Descartes – Ravel – Boulez – Debussy.
8. *Union européenne* : Grèce – Portugal – Turquie – Finlande.
9. *Fleuves français* : la Seine – le Rhône – le Danube – la Loire.
10. *Mers et océans* : l'Alsace – l'Atlantique – la Manche – la Méditerranée.

C. Lecture

5 **Vous envisagez de voyager à Amsterdam, aux Pays-Bas, et vous cherchez des informations pratiques. Consultez la table des matières ci-dessous, extrait d'un guide touristique.**

RENSEIGNEMENTS PRATIQUES

À quelle page de ce guide trouverez-vous une réponse à chacune des questions suivantes ?

1. Ai-je besoin d'un visa pour entrer aux Pays-Bas ? .... *p. 54*
2. Les jeunes de moins de 14 ans peuvent-ils entrer dans les pubs ? .... *p.* ....
3. Le courrier est-il distribué rapidement ? .... *p.* ....
4. Je voudrais téléphoner. Quel est l'indicatif des Pays-Bas ? .... *p.* ....
5. Je voudrais visiter Amsterdam au mois d'août. Est-ce une bonne idée ? .... *p.* ....
6. Les supermarchés vendent-ils des médicaments contre le rhume ? .... *p.* ....
7. La ville est-elle sûre ? .... *p.* ....
8. Y a-t-il des programmes internationaux d'études supérieures ? .... *p.* ....
9. Peut-on payer facilement ses achats par carte bancaire ? .... *p.* ....
10. Les personnes âgées ont-elles droit à certains avantages ? .... *p.* ....

2. Se déplacer en ville

A. Grammaire

L'impératif

1 Complétez les conseils à l'aide des verbes suivants à l'impératif :
avoir, être, prendre, se déplacer

Chers amis voyageurs,

1. ***Prenez*** le temps de visiter la ville.
2. .... en métro, vous éviterez les embouteillages.
3. .... à l'heure, le train ne vous attendra pas.
4. .... parfois à pied, vous verrez mieux la ville.
5. .... prudents en traversant la rue.
6. .... le courage de parler français.

2 Complétez les conseils ci-dessous avec les verbes suivants à l'impératif :
circuler, respecter, laisser, attacher, klaxonner, se garer
Quand vous conduisez en ville,

1. .... votre ceinture de sécurité ;
2. ne .... pas, même si vous êtes très énervé ;
3. ne .... pas dans les couloirs réservés aux bus ;
4. .... les feux de signalisation et la limitation de vitesse ;
5. ne .... pas où il est indiqué « Stationnement interdit » ;
6. .... la priorité aux voitures arrivant à droite.

3 Complétez les phrases avec un pronom complément et avec les verbes suivants à l'impératif :
appeler, écrire, offrir, ouvrir, ramener

1. Prenez votre livre et ***ouvrez-le*** à la page 9.
2. Faites plaisir à votre copine et .... un voyage à Paris.
3. Il est venu à pied. Sois gentille, ... chez lui.
4. Vous voulez des nouvelles de vos amis ? Alors .... ou, si vous préférez le téléphone, ... de temps en temps.

4 Conjuguez les verbes à l'impératif négatif et, quand c'est nécessaire, ajoutez un pronom complément.

1. Faites attention ! Ne *(se tromper)* .... de chemin.
2. Je te laisse mon adresse, mais ne *(passer)* .... à Félix.
3. Si tu veux parler à Sarah, ne *(appeler)* .... après 11 heures.
4. Si vous êtes bloqué dans les embouteillages, ne *(s'énerver)* ....
5. Vos souvenirs de voyage ? Ne *(acheter)* .... n'importe où.
6. Il dit beaucoup de bêtises, vous savez, ne *(croire)* .... tout ce qu'il dit.

B. Vocabulaire

5 **Alexandre Kicétou, le consultant de *français.com*, se promène dans Paris.**
Sur la place de la Bastille, un touriste perdu lui demande comment se rendre en métro rue de la Glacière. Complétez la réponse d'Alexandre Kicétou en choisissant parmi les mots proposés.

Alexandre Kicétou :

Si vous voulez éviter les embouteillages, prenez le (1) .... Vous avez une (2) .... juste devant vous. D'ailleurs, je crois que j'ai un (3) .... dans ma poche... Attendez... Ah oui, le voilà!... Bon, regardez, vous prenez la (4) .... 5, (5) .... Place d'Italie. À Place d'Italie, vous prenez la (6) .... pour Étoile et vous (7) .... à Glacière.

(1) bus, métro, taxi, TGV (Train à Grande Vitesse)
(2) information, gare, station, vente,
(3) carnet, dépliant, plan, trajet
(4) distance, ligne, voie, zone
(5) changement, direction, itinéraire, guide
(6) banlieue, correspondance, destination, voiture
(7) descendez, desservez, montez, parcourez

6 **Les répliques des deux conversations suivantes sont dans le désordre. Mettez-les dans l'ordre.**

Au guichet de la gare

- [ ] **a.** Un aller simple, s'il vous plaît. C'est combien?
- [ ] **b.** Quai numéro 3. Il y a un train toutes les vingt minutes.
- [ ] **c.** Merci. Vous connaissez le numéro du quai?
- [ ] **d.** 7,50 euros.
- [1] **e.** Je voudrais un billet pour l'aéroport, s'il vous plaît.
- [ ] **f.** J'ai un billet de 50 euros, ça va?
- [ ] **g.** Aller-retour ou aller simple?
- [ ] **h.** Pas de problème, j'ai la monnaie. Voilà 10, et 20, 30, et 20, 50.

Au téléphone

- [ ] **a.** Bonjour, je voudrais réserver un taxi pour demain matin, à 7 heures. Je suis à l'hôtel Tronchet.
- [1] **b.** La Centrale des Taxis, bonjour.
- [ ] **c.** À quelle adresse exactement?
- [ ] **d.** Merci bien.
- [ ] **e.** C'est noté, madame. Un taxi vous attendra à 7 heures demain matin, devant l'hôtel Tronchet.
- [ ] **f.** Cheval. Mireille Cheval.
- [ ] **g.** Au 22, rue Tronchet.
- [ ] **h.** 22, rue Tronchet. Pouvez-vous me donner votre nom, madame?

3 Trouver le bon chemin

A. Grammaire

Passé composé et imparfait

1 Lisez ci-contre le récit de voyage d'Alexandre Kicétou.

a. Il manque *cinq* phrases à son récit. À quel endroit du texte pouvez-vous ajouter les quatre phrases suivantes ?

1. Je devais transmettre des appels téléphoniques toute la journée, c'était fatigant.
2. Je travaillais la nuit, c'était difficile.
3. J'avais envie de voyager et d'améliorer mon anglais.
4. Les clients étaient plutôt généreux et je recevais de gros pourboires.

b. Imaginez la phrase restante. Utilisez l'imparfait.

5. ....
....
....
....
....

À 22 ans, j'ai obtenu une maîtrise de sciences économiques à la Sorbonne et je suis aussitôt parti pour Londres. [a ....] Pendant un an, j'ai travaillé comme réceptionniste dans un hôtel. [b ....]
Après, je suis parti en Allemagne. J'ai trouvé un emploi de standardiste dans une compagnie d'assurances. [c..........] Au bout de six mois, j'ai démissionné.
Finalement, je suis allé en Italie où j'ai passé deux ans. [e..........] Une amie m'a trouvé un emploi de serveur dans un restaurant. [f..........]
De retour en France, j'ai poursuivi mes études d'économie.

2 Dans chacune des phrases suivantes, mettez un verbe à l'imparfait et l'autre au passé composé.

1. On *(être)* .... dans la rue quand il *(commencer)* .... à pleuvoir.
2. Une voiture *(arriver)* .... juste au moment où je *(traverser)* .... la rue.
3. Félix *(être)* .... à la maison quand nous *(rentrer)* ....
4. Quand je vous *(appeler)* .... hier soir, qu'est-ce que vous *(faire)* .... ?
5. Ils *(prendre)* .... un taxi parce qu'ils *(être)* .... pressés.

3 Hier soir vous étiez chez les Dupont et vous racontez votre histoire à Félix. Imaginez vos réponses aux questions de Félix en utilisant des verbes à l'imparfait.

Vous : Hier soir, les Dupont m'ont invité(e) chez eux.
Félix : Ils vous invitent souvent ?
Vous : Non, ... Je me suis perdu(e) en chemin.
Félix : Ah bon ! Pourquoi ?
Vous : .... Je suis arrivé(e) chez eux très tard.
Félix : Comment vous sentiez-vous en arrivant ?
Vous : ....
Félix : Que faisaient les autres invités quand vous êtes arrivé(e) ?
Vous : ....

B. Vocabulaire

4 **Un touriste est perdu dans le centre-ville de Savigny.**
Heureusement, au coin du boulevard Saint-Germain et de la rue Victor-Hugo, il rencontre Alexandre Kicétou, qui lui indique le chemin.
Consultez le plan suivant et dites si vous êtes d'accord avec les indications d'Alexandre Kicétou.

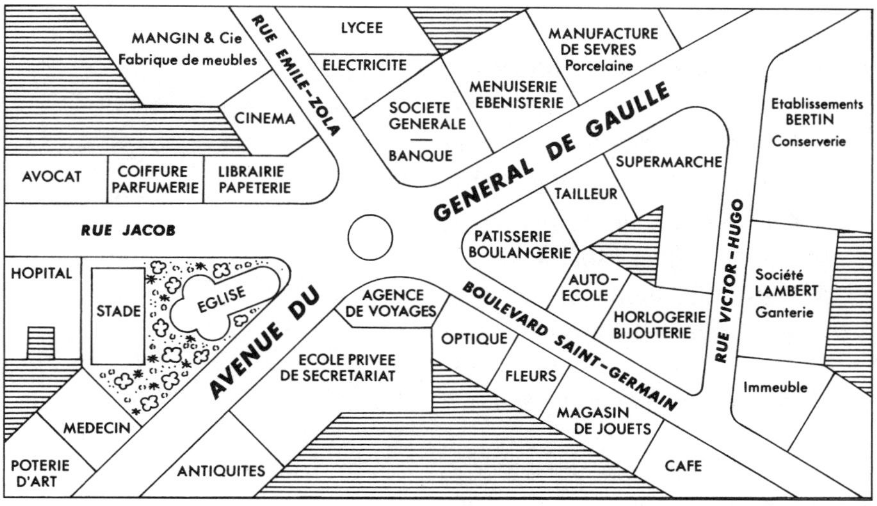

	Vrai	Faux
1. « Pour la banque, c'est facile. Elle donne sur la place centrale, à l'angle de l'avenue du Général-de-Gaulle et de la rue Jacob. »	☐	☐
2. « Le fleuriste n'est pas très loin, sur le boulevard Saint-Germain, à côté de l'opticien. »	☐	☐
3. « Vous trouverez l'auto-école sur le même boulevard, entre la boulangerie et l'horlogerie. »	☐	☐
4. « Il y a un très bon cinéma tout près du magasin d'antiquités. »	☐	☐
5. « Un café ? Regardez, il y en a un juste en face de vous. »	☐	☐
6. « L'hôpital se trouve dans la rue Jacob, juste avant le stade. »	☐	☐

C. Écriture

5 **À la place d'Alexandre Kicétou, expliquez au touriste comment il peut se rendre**

1. au supermarché :

....

....

....

....

2. à la fabrique de meubles Mangin :

....

....

....

....

....

4 Faire du tourisme

A. Grammaire

Le passif

1 Dites si les phrases suivantes ont un sens actif ou passif.

	Actif	Passif
1. Mon fils est attiré par les métiers du tourisme.	☐	☐
2. À la plage, on est tombé sur notre directeur.	☐	☐
3. On est souvent dérangé par le téléphone.	☐	☐
4. Elle est accompagnée de son secrétaire.	☐	☐
5. Le bureau est resté ouvert toute la nuit.	☐	☐
6. Ce livre est destiné aux spécialistes.	☐	☐

2 Dites si les phrases suivantes sont au passé, au présent ou au futur.

	Passé	Présent	Futur
1. Les frais seront pris en charge par l'agence.	☐	☐	☐
2. Le projet a été abandonné à la dernière minute.	☐	☐	☐
3. Cette lettre doit être envoyée immédiatement.	☐	☐	☐
4. Je suis surpris de votre réaction.	☐	☐	☐
5. Le groupe sera accompagné d'un guide.	☐	☐	☐

3 Mettez les phrases au passif ou à l'actif selon le cas. Attention aux temps des verbes !

Ex. : Cette affaire ne me concerne pas. → ***Je ne suis pas concerné par cette affaire.***

1. Le téléphone nous a réveillé en pleine nuit. → ....

....

2. Une voiture l'a renversé. → ....

3. Je suis très intéressé par votre proposition. → ....

....

4. Un contrat a été signé entre ces deux entreprises. → ....

....

5. À la réunion, Sarah représentera le président. → ....

....

6. Sa compétence est reconnue de tous. → ....

B. Vocabulaire

4 Complétez le texte avec les mots suivants :
date, s'étend, occupe, à, en, sous

L'avenue des Champs-Élysées remonte .... Marie de Médicis (1573-1642). À cette époque, l'avenue n'était qu'une simple allée. Tout autour paissaient les vaches. L'urbanisation de l'avenue .... du Second Empire (1852-1870). Aujourd'hui l'avenue .... de la place de la Concorde à la place de l'Étoile. La place de l'Étoile, rebaptisée Charles-de-Gaulle .... 1969, a été aménagée à partir de 1854 autour de l'Arc de Triomphe. La place de la Concorde .... huit hectares au centre de Paris. Elle a été inaugurée .... Louis XV.

C. Lecture

5 **Lisez le texte suivant et répondez aux questions ci-dessous, posées par des personnes qui visitent Budapest pour la première fois.**

BUDAPEST

GUIDE TOURISTIQUE

Ici le fleuve, le Danube, est large de trois cents mètres. On aperçoit, sur la rive droite, tout là-haut, le Château royal et sur la rive gauche, le Parlement.

Buda et Pest sont deux moitiés de ville qui s'opposent : la première, montagneuse, avec ses demeures et ses églises, mêlant le gothique, la Renaissance, et l'art baroque, est un témoin de l'histoire ; la seconde, plate, avec ses grands boulevards, est le centre de la vie politique, culturelle et commerciale. Plus au nord, accolé à Buda, l'ancien quartier de Obuda se dresse au milieu des ruines de l'Antiquité romaine. Les habitants de ces morceaux de ville ont fini par se rejoindre pour former un tout.

Mais Budapest ne connaît pas seulement le bruit et la pollution des grandes villes européennes. Elle a aussi son coin de verdure, de paix et de détente. C'est, au milieu du Danube, l'Ile Marguerite, couverte de parcs et de bosquets, de pelouses et de parterres de fleurs. Entre Buda et Pest, elle est la halte obligatoire des promeneurs qui traversent le pont pour se rendre à pied d'une rive à l'autre.

Budapest n'est pas une ville difficile à connaître. En prenant un tram de la ligne 4, on peut parcourir agréablement les quartiers de Buda et de Pest, traverser le Danube par le pont de l'Ile Marguerite et contempler le Château royal aussi bien que le Parlement. On voit ainsi passer tous les styles et toutes les époques.

Je suis à Budapest en voyage d'affaires. Dans quel quartier de la ville me conseillez-vous de loger ?

1. ....

J'ai entendu parler des vestiges d'un camp de légionnaires datant du IIe siècle. Savez-vous où ça se trouve ?

2. ....

Je ne resterai à Budapest qu'une journée. Comment faire pour avoir un rapide aperçu de la ville ?

3. ....

Savez-vous où je peux passer un après-midi tranquille, comme on en passe à la campagne ?

4. ....

Où est-ce que je peux faire les magasins ?

5. ....

Je me passionne pour l'histoire de l'art. Quelle partie de la ville est la plus intéressante ?

6. ....

4 hôtel

1 Choisir un hôtel

A. Grammaire

Pronoms relatifs

1 Complétez avec *qui, que, dont, où.*

1. C'est un hôtel .... les clients sont satisfaits.
2. J'ai trouvé l'hôtel .... tu cherchais.
3. C'est Félix .... m'a conseillé cet hôtel.
4. Comment s'appelle l'hôtel .... tu es descendu ?
5. Le taxi .... j'ai pris est tombé en panne.

2 Complétez avec *ce qui, ce que, ce dont.*

1. Je ne vois pas .... vous parlez.
2. Expliquez-moi .... ne va pas.
3. Faites attention à .... vous dites.
4. .... me plaît dans cet hôtel, c'est le décor.
5. Dites-moi .... vous avez besoin.

3 Complétez avec *à côté duquel, auquel, en comparaison duquel, dans lequel.*

C'est un hôtel
1. .... je suis descendu il y a dix ans.
2. .... ils ont donné quatre étoiles.
3. .... se trouve le parc du château.
4. .... tous les autres sont chers.

4 Transformez les deux phrases en une seule, comme dans l'exemple.

Ex. : Où est le restaurant ? Nous avons dîné hier soir dans ce restaurant.
→ ***Où est le restaurant dans lequel nous avons dîné hier soir ?***

1. Voici la chambre. J'ai dormi hier dans cette chambre.

....

2. C'est le réceptionniste. Le directeur vient de l'embaucher.

....

3. Qui est cette dame ? Tu lui as prêté ton journal.

....

4. Voici le chien. Pierre ne peut pas se passer de ce chien.

....

5. C'est une amie. Tu peux avoir confiance en elle.

....

B. Vocabulaire

5 Complétez avec le mot qui convient.

1. Le problème de cet hôtel, c'est son ..., il est trop loin de la ville.

a. ☐ blanchissage
b. ☐ emplacement
c. ☐ tarif

2. Il est un peu difficile de réserver une chambre pendant la haute ... .

a. ☐ période
b. ☐ saison
c. ☐ époque

3. C'est un hôtel ... dans lequel descendent les grands de ce monde.

a. ☐ exigu
b. ☐ spartiate
c. ☐ luxueux

4. Le petit déjeuner n'est pas toujours ... dans le prix.

a. ☐ pris
b. ☐ repris
c. ☐ compris

5. Pour toute réclamation, ...-vous au directeur.

a. ☐ adressez
b. ☐ recommandez
c. ☐ habituez

6. Cette ... d'hôtels appartient à un groupe multinational.

a. ☐ catégorie
b. ☐ chaîne
c. ☐ gestion

C. Lecture

6 Six phrases du texte suivant sont incomplètes. Complétez-les à l'aide des mentions *a* à *f*.

HÔTELS DE MADRID

Les hôtels espagnols sont classés de une à cinq étoiles. Madrid ne compte que deux hôtels de cinq étoiles : [1...].
Cette classification dépend uniquement des prestations et des installations disponibles ; [2...], deux hôtels d'une même catégorie peuvent être très différents l'un de l'autre.
Les hôtels de une ou de deux étoiles sont très simples, mais beaucoup offrent des chambres équipées de la télévision, du téléphone, d'une salle de bain individuelle, et, dans les meilleurs, de la climatisation, [3...].
La majorité des hôtels de Madrid, dans toutes les catégories, installeront pour un jeune enfant un berceau ou un lit de plus dans la chambre des parents, [4...].
À côté des hôtels, il existe de nombreuses pensions, que les Espagnols appellent *hostales* ou *pensiones*. Ces pensions proposent aux petits budgets [5...].
Il existe par ailleurs deux auberges de jeunesse à Madrid, [6...]. Elles offrent peu de places et sont complètes dès 9 heures du matin.

a. un avantage important en été
b. souvent sans demander de supplément
c. un hébergement simple et bon marché
d. et l'une se trouve très loin du centre
e. le très chic *Ritz* et le moderne *Villamagna*
f. du point de vue du décor ou de l'accueil

2 Réserver une chambre d'hôtel

A. Grammaire

Le pronom « y »

1 **Le texte suivant est extrait d'une interview. Récrivez-le en remplaçant les mots soulignés par les pronoms *y, le, leur* ou *eux.***

– Vous allez souvent à l'hôtel ?

– Je passe cinq ou six nuits par mois à l'hôtel. ....

Je participe à des congrès scientifiques dans le monde entier.

– Vous allez participer au prochain congrès de Genève ?

– Non, je ne vais pas participer à ce congrès. ....

– Pourquoi ? Vous n'êtes pas invité à ce congrès ? ....

– C'est exact. On ne m'a pas invité à ce congrès ....

et je ne vais donc pas me rendre à ce congrès. ....

– Vous connaissez l'hôtel Bovary, à Genève ?

– Je ne suis jamais allé dans cet hôtel. Mais je ....

connais cet hôtel de nom. ....

– Et Genève, vous connaissez ?

– En fait, mes parents habitent à Genève et je ....

rends régulièrement visite à mes parents. ....

– Si je comprends bien, vous allez à Genève pour ....

rendre visite à vos parents. ....

– Oui, et bien sûr, quand je suis à Genève, je loge ....

chez mes parents. ....

– Vous n'avez jamais pensé à aller à l'hôtel ?

– Non, je n'ai jamais pensé à aller à l'hôtel. ....

B. Vocabulaire

2 **Supprimez dans le texte suivant les mots incorrects.**

COMMENT RÉSERVER DANS UN HÔTEL PARISIEN

Après avoir [choisi | ~~rempli~~] votre hôtel, réservez au moins un mois [à l'avance | devant]. Souvent, vous devez confirmer votre réservation par écrit, c'est-à-dire soit par courrier, soit par [télécopie | téléphone]. Au moment de votre réservation, il vous est généralement demandé de verser un [acompte | atout] correspondant à environ 20 % du prix de la chambre. Si vous envoyez un [chèque | supplément], assurez-vous que l'hôtel accepte bien ce mode de paiement. Le plus souvent, vous devez indiquer le numéro de votre [carte | fiche] bancaire. Le jour où vous avez réservé, présentez-vous à l'hôtel avant 18 heures ou passez un coup de fil pour [prévenir | prévoir] de votre retard, sinon vous risquez de perdre votre chambre.

3 **Le texte suivant est extrait d'une lettre par laquelle un client confirme la réservation d'une chambre. Complétez ce texte à l'aide des verbes suivants, donnés ici à l'infinitif.**
ATTENTION ! Quatre verbes sont à mettre au présent, et deux au futur :
remercier, se référer, confirmer, être, donner, trouver

Madame, Monsieur,

Je .... à notre entretien téléphonique de ce jour et vous ....

la réservation à mon nom d'une chambre double du 6 juin au soir au 9 juin au matin.

Vous .... ci-joint un chèque de 50 € en paiement de l'acompte de 15 %.

Je vous .... de me réserver une chambre qui .... sur la cour.

Je .... à l'hôtel le 6 juin vers 21 heures.

Meilleures salutations,

Vincent Bachelard

4 **Complétez ces messages à l'aide des mots suivants :**
chambre, demande, disposition, lit, soir, nuit, parking, regret, renseignement

A : hotel. tronchet@cybervasion. com
De : Guillaume Lepetit
Date : 04/05/2015 18.12
Objet : Demande de réservation

Merci de me réserver une ....

avec un .... double

pour la .... du 15 au 16 juin.

J'arriverai à l'hôtel le 15 au ....

Y a-t-il un .... dans l'hôtel ?

Meilleures salutations.

A : Guillaume Lepetit
De : Hôtel Tronchet
Objet : Re : Demande de réservation
Date : 05/05/2015 10.05

Merci de votre ...., Malheureusement j'ai le .... de vous informer que l'hôtel est complet aux dates indiquées. Je reste à votre .... pour tout .... complémentaire.

Salutations dévouées.

Luc Gaillard, Service Réservation

C. Écriture

5 **Vous travaillez à l'hôtel Tronchet. Relisez les messages de l'exercice 4 et écrivez une autre réponse à Guillaume Lepetit à l'aide des informations suivantes :** ***chambre disponible, parking de l'hôtel gratuit.***

Retirer msg Nouveau msg Répondre Transférer Classer Suivant Imprimer Sécurité Supprimer Arrêter

À : Guillaume Lepetit
De : Hôtel Tronchet
Objet : Re : Demande de réservation

....

....

....

....

3 Séjourner à l'hôtel

A. Grammaire

Les indéfinis

1 Complétez avec *quelqu'un, quelques-un(e)s, quelque part, quelque chose, aucun, quelques, on.*

1. .... n'a pas le droit de fumer dans cette salle.

2. .... a laissé un message pour vous.

3. Ce monsieur, je l'ai déjà rencontré ....

4. Il y a .... que je ne comprends pas.

5. Pouvez-vous me donner .... renseignements ?

6. Cet hôtel est vide, je ne vois jamais .... client.

7. Vous avez encore des chambres libres ? – Oui, il en reste ....

2 Complétez avec *n'importe comment, n'importe lequel, n'importe quel(le), n'importe qui, n'importe quoi.*

1. Réfléchis un peu au lieu de dire ....

2. Prenez soin de ce client, ce n'est pas ....

3. Ces deux hôtels se valent, tu peux descendre dans ....

4. Dans ce restaurant, on peut manger à .... heure.

5. Tu as vu le réceptionniste ? Il s'habille vraiment ....

3 Complétez avec *ailleurs, chacun, la plupart, n'importe où, nulle part, partout, personne, rien, tous.*

1. J'ai cherché la clé ...., mais je ne la trouve ....

2. Cette année, je n'irai pas à Paris en vacances, j'irai .... mais pas ....

3. .... des clients sont contents de l'hôtel, mais pas ....

4. Pendant la réunion, ... des participants a pris la parole, mais .... n'a .... dit d'intéressant.

B. Vocabulaire

4 Voici les extraits de deux conversations entendues à la réception d'un hôtel. Les répliques sont dans le désordre. Mettez-les dans l'ordre.

Conversation 1

☐ **a.** C'est exact, Mme Dulac. Voici votre clé. Vous avez la chambre 412.

[1] **b.** Bonsoir, je dois avoir une réservation.

☐ **c.** Merci.

☐ **d.** Dulac, Claire Dulac.

☐ **e.** À quel nom, madame ?

Conversation 2

☐ **a.** Oui, bien sûr, le restaurant est ouvert jusqu'à 23 heures.

☐ **b.** Dans ce cas, je vais manger quelque chose.

☐ **c.** Est-ce qu'il est encore possible de dîner ?

☐ **d.** Ah ! Je vois, merci.

☐ **e.** Le restaurant se trouve au bout du couloir, là-bas…

C. Lecture

5 **Le texte suivant est extrait d'un guide touristique. Lisez-le.**

L'HÔTEL SOCAPEL

Situé à deux pas du quartier des affaires, il accueille principalement des clients en voyage d'affaires.

Le personnel est très professionnel, même si certains employés ont décidé de ne pas sourire.
Les chambres, toujours impeccables, sont malheureusement peu spacieuses ; elles sont faites pour dormir, et seulement pour dormir. Il est risqué de poser son micro-ordinateur sur le minuscule bout de bois qui sert de table. Par contre, la salle de réunion du rez-de-chaussée est agréable et dispose de l'espace et du matériel nécessaires pour travailler dans de bonnes conditions.
Le prix est raisonnable et comprend le petit déjeuner. C'est un petit déjeuner très simple, un peu trop simple. On ne trouve au buffet qu'une seule sorte de céréales, les yaourts sont nature, le thé est noir, il n'y a pas d'autres fruits que des bananes. Si vous êtes encore endormi, le café, extrêmement léger, ne vous réveillera pas.

Quand l'auteur de ce texte a séjourné à l'hôtel Socapel, comment a-t-il rempli la fiche d'appréciation suivante ?

Hôtel Socapel

Cher client,

Notre plus grand souci est de rendre agréable votre séjour dans cet hôtel. C'est pourquoi nous souhaiterions savoir ce que vous pensez de nos services. Nous vous remercions de bien vouloir remplir le questionnaire suivant :

1 • Personnel*
Amabilité 🙂 😐 🙁
Efficacité 🙂 😐 🙁

2 • Chambre*
Propreté 🙂 😐 🙁
Confort 🙂 😐 🙁

3 • Salle de réunion*
Équipement 🙂 😐 🙁
Confort 🙂 😐 🙁

4 • Petit déjeuner* 🙂 😐 🙁

5 • Pourquoi avez-vous choisi l'hôtel Socapel ?

____

____

6 • Quelles sont vos suggestions ?

____

____

Merci et à bientôt.

* Entourez la réponse choisie.

4 Adresser une réclamation

A. Grammaire

Les mots de liaison

1 Complétez les phrases suivantes avec *comme, donc, en effet, or, en outre.*

1. C'est un hôtel confortable et ...., il est bon marché.

2. Nous vous avons adressé notre facture le 15 mars. ...., à ce jour, nous n'avons reçu aucun paiement.

3. .... elle est souffrante, elle doit annuler sa réservation.

4. Pierre est malade et ne pourra .... pas travailler.

5. L'année prochaine, il y aura des changements. ...., le directeur général prend sa retraite.

2 Les paragraphes des lettres A et B sont dans le désordre. Mettez-les dans l'ordre.

Lettre A

Madame, Monsieur,

☐ **a.** Dans l'attente de votre confirmation, je vous prie de recevoir, Madame, Monsieur, mes meilleures salutations.

☐ **b.** Or il ne me sera pas possible de venir à cette date.

☐ **c.** Je vous ai demandé le 5 octobre de bien vouloir réserver une chambre à mon nom pour le 15 octobre au soir.

☐ **d.** En effet, la réunion à laquelle je devais assister a été reportée au 9 novembre.

☐ **e.** En conséquence, je vous serais reconnaissant de reporter cette réservation au 8 novembre.

Lettre B

Madame,

☐ **a.** Votre lettre du 3 mars par laquelle vous sollicitez un stage de réceptionniste en été dans notre hôtel a retenu toute notre attention.

☐ **b.** En effet, nous ne disposons pas d'un personnel suffisant pour prendre en charge un stagiaire pendant cette période de l'année.

☐ **c.** Nous regrettons de ne pas pouvoir vous donner satisfaction et vous prions de croire, Madame, en nos sentiments les meilleurs.

☐ **d.** Nous vous invitons donc à renouveler votre demande pour une autre période de l'année.

☐ **e.** Il ne nous est toutefois pas possible de donner une suite favorable à votre demande.

B. Vocabulaire

3 **Complétez la lettre suivante en choisissant ci-contre le terme qui convient.**

Hôtel Bovary
5, rue Prodier
1201 Genève
Tél. : 741 21 51
Fax : 741 54 77
www.hotelbovary.ch

Société CERISE
76, rue Grande
1050 Bruxelles

Genève, le 3 octobre 2014

Objet :
Notre note 87/05 du 6 sept.

Madame, Monsieur,

À la (1) .... du séjour de madame Cheval dans notre établissement les 3 et 4 septembre, nous vous avons adressé une (2) .... d'un montant de 469,50 euros.
(3) ...., à ce jour, nous n'avons encore reçu aucun paiement de votre part.
Nous vous prions (4) .... de bien vouloir nous (5) .... dans les meilleurs (6) ....
Nous vous en remercions (7) .... et vous prions de recevoir, Madame, Monsieur, nos salutations distinguées.

Catherine Villon
Service Facturation

1. conséquence
référence
réception
suite

2. fiche
note
réclamation
réduction

3. en conséquence
en effet
en outre
or

4. donc
également
en effet
néanmoins

5. confirmer
fixer
réclamer
régler

6. délais
espaces
moments
temps

7. avec avance
de l'avance
en avance
par avance

C. Écriture

4 **Vous recevez aujourd'hui par télécopie le message suivant de l'hôtel Bovary : « *Nous vous confirmons votre réservation d'une chambre de luxe du 15 au 18 mai, au prix de 160 euros la nuit.* » Vous vouliez une chambre simple à 90 euros la nuit. Répondez à ce message.**

Je fais suite à .... me confirmant
.... .Toutefois, la réservation n'est pas conforme à ....
.... .En effet, j'avais demandé ....
...., et non pas ....
Je vous prie donc ....
Dans l'attente ....

5 **Vous travaillez à l'hôtel Bovary. Vous recevez la réclamation du client de l'exercice 4. Répondez-lui en corrigeant votre erreur et en présentant vos excuses.**

....
....
....

5 restauration

1 S'adapter aux traditions

A. Grammaire

Avant de / après + infinitif, le gérondif

1 Complétez les phrases à l'aide des verbes suivants :
boire, passer, assister, rentrer, sortir

1. Après .... à une pièce de théâtre, nous avons dîné.
2. Avant de .... commande, on doit demander le menu.
3. Après .... un apéritif, nous sommes passés à table.
4. Après .... du restaurant, ils se sont promenés.
5. Avant de .... à la maison, j'ai pris un dernier verre.

2 Récrivez ces phrases en utilisant le gérondif.
Ex. : Elle parle et elle réfléchit. → ***Elle parle en réfléchissant.***

1. Elle regarde la télévision et elle mange. → ....
2. Elle prend un dessert et elle boit un café. → ....
3. Elle s'est brûlée et elle sert la soupe. → ....
4. Elle téléphone et elle fait la cuisine. → ....

Les articles

3 Les textes suivants portent sur les habitudes culinaires au Canada et au Sénégal. Complétez les mentions manquantes avec des articles.

CULINAIRE. *Adj.* Qui a rapport à la cuisine. **V. Gastronomie.** *Art culinaire. Recettes culinaires. Préparations culinaires.*
Le Petit Robert

Au Canada .... petit déjeuner est très copieux. À midi, ... Canadiens mangent souvent au « fast-food », principalement .... frites, ... hamburgers et .... poulet frit. Ils boivent .... bière et .... soda. .... repas du soir est un moment important de .... journée. En général, ... cuisine canadienne est .... cuisine plutôt lourde. Pour .... dessert, on fait .... crêpes qu'on mange avec .... fameux sirop d'érable.

Au Sénégal, ... céréales sont à .... base de .... alimentation. Vous trouverez .... riz dans tout .... pays. Il est dans .... habitudes alimentaires des Sénégalais depuis .... colonisation. Vous trouverez également .... pain partout, avec cependant .... différences de forme et de goût selon .... régions. Avant de quitter .... Sénégal, vous devez goûter .... plat traditionnel, comme le couscous de mil.

4 **Les questions suivantes ont été posées par les clients d'un restaurant. Complétez les mentions manquantes avec un article.**

1. Est-ce qu'il y a .... espace non fumeur ?

2. Quel est .... plat du jour ?

3. Vous vendez .... cigarettes ?

4. Je peux avoir .... expresso ?

5. Est-ce que .... prix comprend .... service ?

6. Faut-il donner .... pourboire ?

7. Monsieur, vous pouvez nous apporter .... addition ?

B. Vocabulaire

5 **Complétez les phrases avec les mots suivants :**
bouteille, carafe, corbeille, couteau, fourchette, nappe, plat, sel, serviette, verre

Un repas chez les Dupont.

1. La table est recouverte d'une ....

2. Chacun a une assiette avec, à gauche, la .... et, à droite, la cuiller et le ....

3. La .... se met à côté de la fourchette.

4. Devant l'assiette, un ....

5. Sur la table se trouvent tous les accessoires importants. Le pain, dans une .... à pain, la .... de vin, la .... d'eau, le .... et le poivre.

6. Le .... se trouve au milieu de la table.

C. Lecture

6 **Complétez le texte avec trois des cinq extraits de phrases ci-contre.**

Durant le siège de Paris en 1870, on mangeait du rat. Il se vendait 50 centimes pièce [1..........]. Il existait même un marché à rats place de l'Hôtel de ville. Pour le réveillon de Noël, le célèbre restaurant *Voisin*, 261, rue Saint-Honoré, proposait du « rat au champagne » [2..........]. Aujourd'hui encore, [3..........], on continue à manger du rat.

a. en préparant un repas gastronomique
b. sur sa carte
c. dans certains pays
d. avant de payer l'addition
e. dans une boutique du boulevard Rochechouard

2 Passer commande

A. Grammaire

Les négations particulières

1 Complétez les phrases suivantes avec *aucun, pas encore, personne, nulle part, plus, sans.*

1. Autrefois j'allais souvent au restaurant ; maintenant je n'y vais ....
2. Félix a déjà dîné, moi ....
3. C'est très simple, je ne vois .... problème.
4. J'ai cherché le sel partout, mais je ne l'ai trouvé ....
5. Depuis deux ans, il suit un régime .... sel.
6. Hier, ce restaurant était bondé, aujourd'hui il n'y a ....

2 Complétez les phrases suivantes.

1. Il y a quelqu'un ici ? – Apparemment, il n'y a ....
2. Avez-vous autre chose à dire ? – Non, je n'ai .... à ajouter.
3. Je crois que j'ai déjà vu ce monsieur quelque part, pas toi ? – Non, je ne l'ai jamais vu ....
4. Tu bois souvent du café ? – Non, ..., je déteste ça.
5. Tu prends du thé ou du café ? – .... l'un .... l'autre, merci.

3 Choisissez la bonne réponse.

1. Tu vas parfois au restaurant ?
   - a. ☐ Plus aucun.
   - b. ☐ Pas un seul.
   - c. ☐ Jamais.
2. Tu as déjà commandé ?
   - a. ☐ Pas encore.
   - b. ☐ Sans hésiter.
   - c. ☐ Plus jamais.
3. Qu'est-ce que tu fais ce soir ?
   - a. ☐ Personne d'intéressant.
   - b. ☐ Rien de particulier.
   - c. ☐ Aucun problème.
4. Il travaille beaucoup ?
   - a. ☐ Nulle part.
   - b. ☐ Lui non plus.
   - c. ☐ Pas vraiment.
5. Vous prenez du café ?
   - a. ☐ Pas un seul.
   - b. ☐ Non, merci.
   - c. ☐ Sans thé.
6. Il reste du pain ?
   - a. ☐ Plus guère.
   - b. ☐ Sans beurre.
   - c. ☐ Ni l'un ni l'autre.

4 Transformez les phrases suivantes en introduisant « *ni... ni* ».

1. Elle ne mange aucun fruit, aucun légume.

....

2. Manger et boire ne l'intéressent pas.

....

3. Il n'a pas mangé avec nous, Sarah, non plus.

....

B. Vocabulaire

5 **Chassez l'intrus.**

Ex. : charcuterie – ~~serveur~~ – poisson – œuf.

1. végétarien – hors-d'œuvre – plat garni – dessert
2. tomate – concombre – carotte – grenouille
3. tarte aux fraises – pâté de foie – assiette de crudités – œuf mayonnaise
4. canard – poulet – dinde – thon
5. bœuf – haricot – porc – lapin
6. eau – vin – bière – saucisson
7. cognac – roquefort – brie – camembert

6 **Dites si les plats suivants sont :**

a. un hors d'œuvre
b. un plat principal
c. une garniture
d. un fromage
e. un dessert

1. Brie	***d***	**7.** Purée de pommes de terre	…	**13.** Roquefort	…
2. Filet de thon frit	…	**8.** Fraises à la crème	…	**14.** Frites	…
3. Tarte au citron	…	**9.** Poulet rôti	…	**15.** Carottes râpées	…
4. Camembert	…	**10.** Frisée au chèvre chaud	…	**16.** Rôti de veau	…
5. Pâté de canard	…	**11.** Mousse d'abricots	…	**17.** Salade de fruits	…
6. Cantal	…	**12.** Riz	…	**18.** Pommes au four	…

7 **Voici huit répliques de dialogue.**
Cinq de ces répliques forment le début d'une conversation entre la cliente d'un restaurant et le serveur, au moment où la cliente passe commande.

a. Marquez d'une croix (X) les trois répliques qui ne font pas partie de cette conversation.

☐ **a.** J'aimerais prendre mon petit déjeuner dans ma chambre.
☐ **b.** Nos grillades sont toutes très tendres.
☐ **c.** Avez-vous fait votre choix, madame ?
☐ **d.** J'aurais besoin de votre passeport un instant.
☐ **e.** Je crois que oui. Qu'est-ce que vous me conseillez, comme viande ?
☐ **f.** Une entrecôte grillée avec des herbes aromatiques, du persil et de l'ail.
☐ **g.** Attendez, je consulte mon agenda.
☐ **h.** Une grillade, oui, pourquoi pas ? Qu'est-ce que c'est, cette entrecôte aux herbes ?

b. Les cinq répliques restantes sont dans le désordre. Mettez-les dans l'ordre.

3 Travailler dans la restauration

A. Grammaire

La quantité

1 **Reliez les éléments des colonnes A à ceux des colonnes B.**

A		B
1. Un litre de	*b*	**a.** cerises
2. Un tonneau de	…	**b.** lait
3. Un tube de	…	**c.** mayonnaise
4. Une poignée de	…	**d.** sel
5. Une pincée de	…	**e.** vin

A		B
1. Une tranche de	…	**a.** huile
2. Une boîte de	…	**b.** parfum
3. Une cuillerée d'	…	**c.** œufs
4. Un flacon de	…	**d.** jambon
5. Une douzaine d'	…	**e.** lentilles

2 **Dites le contraire, en remplaçant les mots soulignés par les mots suivants :**
moins, trop, si peu, beaucoup

1. Je suis étonné de voir <u>tant</u> de restaurants dans ce quartier.

→ ……………………………………………………………………………………

2. Nous avons <u>plus</u> de cuisiniers que de serveurs.

→ ……………………………………………………………………………………

3. Tu n'as pas mis <u>assez</u> de sel dans la soupe.

→ ……………………………………………………………………………………

4. Elle fait la cuisine avec <u>peu</u> d'enthousiasme.

→ ……………………………………………………………………………………

B. Vocabulaire

3 **Complétez la recette ci-dessous à l'aide des verbes suivants :**
égouttez, versez, servez, lavez, faites bouillir

RIZ À LA CRÉOLE

Préparation : 3 mn. Cuisson : 20 mn

250 g de riz. 1 litre d'eau. 15 g de sel

Avant la préparation, ……………………… soigneusement le riz. ……………………… le riz lavé dans l'eau bouillante salée. ……………………… 20 minutes, casserole sans couvercle. ……………………… le riz. ……………………… tel quel, avec du beurre ou accompagné d'autres préparations.

C. Lecture

4 **Lisez la recette suivante, puis répondez aux questions.**

ŒUFS DURS

Cuisson : 12 minutes

Mettre les œufs dans l'eau bouillante pendant 10 à 12 minutes. Saler l'eau pour empêcher les coquilles d'éclater. Si l'on veut obtenir des œufs durs dont le jaune reste au centre du blanc, les retourner constamment pendant quelques minutes. Plonger les œufs dans l'eau froide pour les éplucher facilement.

a. Combien de temps dure la cuisson ?

....

b. Comment empêcher la coquille d'éclater ?

....

c. Comment faire pour que le jaune reste au centre du blanc ?

....

d. Une fois cuits, comment éplucher les œufs facilement ?

....

D. Écriture

5 **L'un de vos amis, un chef cuisinier, vous envoie cet e-mail.**

Retirer msg | Nouveau msg | Répondre | Transférer | Classer | Suivant | Imprimer | Sécurité | Supprimer | Arrêter

Bonjour,
J'envisage d'ouvrir à Paris un restaurant gastronomique haut de gamme. J'ai trouvé deux locaux commerciaux à louer :
– l'un se trouve dans un quartier chic, mais dans une rue peu fréquentée ;
– l'autre, plus cher, est situé sur un boulevard animé, à côté des cinémas.
J'hésite. Que me conseilles-tu ? Merci par avance pour ton conseil.
Cordialement, Félix

Répondez à son message en lui donnant un conseil et en justifiant votre choix.

....

....

....

....

....

....

....

....

....

4 Faire des critiques

A. Grammaire

Le pronom « en », l'expression de la quantité

1 Récrivez les phrases suivantes en remplaçant les mots soulignés par le pronom « en ».

Ex. : Il n'y avait qu'un seul client. → ***Il n'y en avait qu'un seul.***

1. Je vous apporte une bouteille de vin. → ....

2. Je vais acheter deux kilos d'oranges. → ....

3. On a mangé trop de gâteau. → ....

4. Il nous manque de la farine. → ....

5. Y a-t-il un bon restaurant dans cette ville ? → ....

6. Achète une douzaine d'œufs. → ....

7. On peut mettre du rhum dans la pâte. → ....

8. Combien de personnes y a-t-il à la réunion ? → ....

9. Il n'a jamais assez d'argent. → ....

10. Je lui ai encore offert un livre. → ....

2 Que remplace le pronom « en » dans les phrases suivantes ? Trouvez la réponse dans la liste ci-contre.

*Ex. : J'**en** ai fais un peu, mais j'ai tout oublié.*	***d***
1. J'*en* ai une, mais elle est en mauvais état.	...
2. Je n'*en* bois jamais, ça me rend malade.	...
3. J'*en* fais un peu, pour rester en forme.	...
4. J'*en* prendrai bien un autre morceau.	...
5. Il lui *en* faudra beaucoup pour réussir.	...
6. J'*en* ai pris quelques-unes, tu veux les voir ?	...
7. Il y *en* a plusieurs dans la rue du Commerce.	...

a. De l'énergie.
b. Des photographies.
c. Une bicyclette.
d. Du piano.
e. Des restaurants.
f. De la gymnastique.
g. De l'alcool.
h. Du gâteau.

B. Vocabulaire

3 Complétez les mots.

	RÉCLAMATIONS
1. Les serveurs sont des	**E** X C _ _ É S
2. Le .... est très lent.	**S** _ _ V _ _ R
3. Les .... sont bancales.	**T** _ _ _ E S
4. L' .... est triste.	**A** _ B _ A N _ E
5. C'est aussi bruyant qu'à l'	**U** S _ _ E
6. Le pain est	**R** _ _ _ _ S
7. Il y a toujours une file d'	**A** _ _ E _ _ E
8. Les .... sont sales.	**N** _ P _ _ S
9. Les serveurs se .... sans arrêt.	**T** R _ _ P E N T

4 **Les dialogues 1 et 2 ci-dessous ont lieu dans un restaurant. Dans les deux cas, un client fait une réclamation au serveur. Complétez ces dialogues avec quelques-uns des adjectifs suivants :** *bon, bouchonné, bruyant, cuit, immangeable, lent, rassis*

Dialogue 1

Client : Le vin, je crois qu'il est .... Goûtez vous-même…

Serveur (Il goûte) : Non, monsieur, je n'ai pas l'impression.

Client : Vous êtes sûr ?

Serveur : Absolument, monsieur. Ce vin est très ....

Client : Vous avez peut-être raison.

Dialogue 2

Serveur : Est-ce qu'il y a quelque chose qui ne va pas, monsieur ?

Client : Absolument, ce poisson est ....

Serveur : Qu'est-ce qui ne va pas exactement ?

Client : Il est à peine ....

Serveur : Je suis désolé, monsieur, je vous le remplace tout de suite.

C. Lecture

5 **Le texte suivant est extrait d'un article de presse intitulé « Une croisière sur *Le France* ». Cet extrait porte sur le restaurant de ce bateau. Lisez-le.**

Dès ses début, *Le France* a reçu des critiques favorables, en particulier de la presse américaine enthousiaste. Le critique souligne la propreté du linge de table et considère les serveurs comme « The *élite of France* ». Il insiste sur la modestie du chef Henri Le Huédé, capable de préparer sans difficulté n'importe quel plat classique ou régional commandé seulement quelques heures à l'avance. Il rapporte les propos de ce dernier avec admiration : « Nous essayons de ne jamais préparer deux fois le même plat sur une traversée ou en croisière. Et c'est notre grande force. Nous utilisons les meilleurs ingrédients ».

Dans ce texte a été oubliée la phrase suivante :
« Ainsi, dès 1963, le célèbre critique Craig Claiborne, du *New York Times*, consacre le restaurant du bateau comme le meilleur au monde. » À quel endroit du texte placez-vous cette phrase ?

Après ....

6 entreprises

1 Découvrir l'entreprise

A. Grammaire

Les adverbes

1 Récrivez les phrases en plaçant les adverbes au bon endroit.
*Ex. : Elle a rêvé de devenir riche. (toujours) → **Elle a toujours rêvé de devenir riche.***

1. Il est venu pour vous voir. (exprès) → ....

2. Elles sont arrivées. (ensemble) → ....

3. La croissance est très forte. (vraiment) → ....

4. J'ai entendu parler de cette marque. (déjà) → ....

5. Elle assiste aux réunions. (rarement) → ....

6. Elle est encore fatiguée. (extrêmement) → ....

2 Complétez les phrases, sur le modèle de la première.
La société Abimax a enregistré :
*Ex. : une **chute considérable** de ses ventes. → Ses ventes ont **considérablement chuté**.*

1. un *recul sensible* de ses effectifs. → Ses effectifs ont ....
....

2. une *aggravation progressive* de son endettement. → Son endettement s'est ....
....

3. une *nette augmentation* de ses pertes. → Ses pertes ont ....
....

4. une *brusque diminution* de la productivité. → La productivité a ....
....

5. une *baisse constante* du cours de l'action. → Le cours de l'action a ....
....

B. Vocabulaire

3 Consultez le graphique ci-contre, puis complétez les phrases avec les mots suivants :
jusqu'à, au début de, à la fin de, au cours de, ensuite, brusquement, lentement, sensiblement, parfaitement

1. .... 2014, les ventes ont .... chuté.

2. Elles sont .... restées .... stables .... la fin de 2014.

3. En 2015, elles ont .... augmenté pour atteindre 1,250 million d'€ .... l'année.

4. .... l'année 2016, elles ont continué à augmenter, mais plus ....

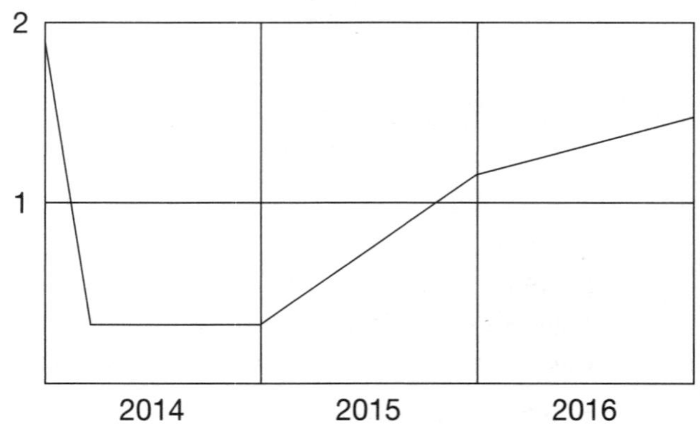

4 **Chassez l'intrus.**

Ex. : entreprise – firme – ~~immeuble~~ – société.

1. diminution – recul – hausse – chute.
2. progressif – subit – soudain – brusque.
3. monter – baisser – stagner – fabriquer.
4. stagner – varier – changer – évoluer.
5. tripler – circuler – décupler – doubler.
6. dizaine – centaine – millier – moitié.
7. premier – huitième – douzaine – vingtième.
8. rasoirs – effectifs – stylos – briquets.
9. concevoir – lancer – vendre – écrire.
10. Internet – Bic – Ford – Michelin.

5 **Complétez la présentation des trois entreprises suivantes avec les mots ci-contre.**

1. Nestlé est un groupe .... multinational. Son .... social .... en Suisse. Environ 230 000 personnes travaillent dans les quelque 500 ...., bureaux et magasins du groupe. On trouve des produits Nestlé dans presque tous les pays.

2. Le Club Méditerranée est à la fois un tour opérateur et un groupe .... Il .... 120 villages de vacances répartis dans le monde entier. L'entreprise .... beaucoup de jeunes dans les .... de l'animation, de l'hôtellerie et de la restauration.

3. Adidas est le deuxième groupe mondial spécialisé dans les .... de sports (vêtements, ... , équipements de golf, de cyclisme, etc.). L'entreprise a son siège .... en Allemagne et elle .... ses produits principalement en Europe et en Amérique du Nord.

articles
chaussures
métiers
siège
usines
agroalimentaire
hôtelier
social
emploie
exporte
possède
se trouve

6 **Pour vous, que représente l'entreprise ? Lisez les réponses suivantes et retrouvez l'auteur de ces réponses dans la liste ci-après :**

un économiste, un salarié, un sociologue, un syndicaliste, un fonctionnaire du fisc, un actionnaire

*Ex. : C'est une cellule sociale aussi importante que la famille. → **un sociologue***

1. Elle paie des impôts, comme les autres contribuables. → ....
2. C'est le lieu où je travaille et où je reçois chaque mois un salaire. → ....
3. Elle me verse chaque année un dividende. → ....
4. C'est là où les travailleurs doivent se battre pour obtenir des augmentations de salaire. → ....
5. Elle produit et vend des biens et/ou des services dans un but lucratif. → ....

7 **Pour un économiste, les organismes suivants sont-ils des entreprises ?**

	Oui	Non		Oui	Non
1. Une pharmacie	☐	☐	**7.** Un syndicat	☐	☐
2. Le ministère du Commerce	☐	☐	**8.** Une banque	☐	☐
3. Une compagnie d'assurances	☐	☐	**9.** L'administration fiscale	☐	☐
4. Une agence de voyage	☐	☐	**10.** Une exploitation agricole	☐	☐
5. La Croix-Rouge	☐	☐	**11.** Un hôpital public	☐	☐
6. Une boulangerie	☐	☐	**12.** Une librairie	☐	☐

2 Comparer des performances

A. Grammaire

La comparaison

1 Complétez les phrases avec *de* ou *que*.

1. Manuel est un vendeur plus efficace .... Paul.

2. C'est d'ailleurs le plus efficace .... tous les vendeurs.

3. C'est le salarié le plus travailleur .... l'entreprise.

4. Je crois même qu'il travaille plus .... le directeur.

2 Complétez avec « *aussi... que* », « *autant de... que* », « *autant que...* ».

1. La société KM3 n'a pas vendu .... prévu.

2. Elle ne gagne pas .... argent .... avant.

3. Ses bénéfices ne sont pas .... bons .... l'an dernier.

3 Complétez les phrases suivantes en exprimant la comparaison.
Ex. : Félix travaille ***plus que*** *l'année dernière. (+)*

1. Il travaille .... Corinne. (=)

2. Il a .... Corinne. (+ ancienneté)

3. Il a .... elle. (= responsabilités)

4. Pourtant il gagne .... elle. (-)

5. Corinne est .... Félix. (+ efficace)

6. Ses résultats sont .... ceux de Félix. (+ bons)

4 Complétez avec *meilleur(e), le(la) meilleur(e), mieux, le mieux.*

1. Auriez-vous une .... idée ?

2. Cette chambre est bruyante, mais c'est encore .... de l'hôtel.

3. Dans .... des cas, il ne perdra pas d'argent.

4. Elle travaille .... et plus vite que lui.

5. J'ai confiance en toi, je sais que tu feras pour ....

6. Ton anglais est .... que le mien, mais je parle .... français que toi.

5 Complétez avec *moins, plus, pire, meilleur, mieux.*

1. Elle s'attendait à trouver des problèmes, mais la situation est encore .... que ce qu'elle imaginait.

2. Il est devenu riche. Son entreprise vaut aujourd'hui dix fois .... qu'il y a cinq ans. Il a .... réussi que son frère, qui est au chômage dix mois sur douze.

3. Elle a retrouvé un emploi, mais c'est très mal payé. Elle gagne bien .... qu'avant.

4. Je fais mes courses dans les grandes surfaces parce que c'est .... marché que dans le petit commerce.

B. Vocabulaire

6 **Fournil est un fabricant de pâtisseries surgelées. Complétez les phrases de la liste avec les verbes suivants :**
détenir, employer, réaliser, représenter

1. Les gâteaux au chocolat .... un quart du chiffre d'affaires.

2. Fournil .... trois quarts de ses ventes en Europe.

3. Fournil .... 16 % du marché européen.

4. Fournil .... au total 180 salariés.

7 **À l'aide des mots de la liste ci-contre, complétez les phrases suivantes en vous aidant du tableau.**

- majeure
- hausse
- faible
- dépassé
- inchangé
- doublé

1. Au total, les ventes de Fournil sont en .... constante depuis janvier.

2. Elles sont passées de 121 000 € en .... à .... € en mai.

3. La .... partie des ventes a été réalisée grâce au produit ....

4. D'avril à mai, les ventes du produit C ont ....

5. Le montant des ventes du produit B est resté .... en mars et avril.

6. Chaque mois, les ventes du produit A ont .... celles des produits B et C additionnées.

7. Avec moins de 10 % du total, le montant des ventes du produit C est toujours resté le plus ....

Ventes par produit
(en milliers d'euros)

Produit	A	B	C	Total
Janvier	88	26	7	121
Février	94	30	8	132
Mars	103	37	8	148
Avril	113	37	7	157
Mai	122	40	14	176

C. Écriture

8 **Le tableau ci-contre apporte des informations sur la vente des produits Fournil de juin à octobre. Tirez des informations de ce tableau en faisant 3 phrases.**

1. ....
....

2. ....
....

3. ....
....

Ventes par produit
(en milliers d'euros)

Produit	A	B	C	Total
Juin	125	45	12	182
Juillet	110	54	8	172
Août	80	72	5	157
Sept.	61	80	4	145
Oct.	43	91	2	136

3 Réussir dans les affaires

A. Grammaire

Les temps du passé

1 **Le texte suivant raconte l'histoire d'Aristide Boucicaut, fondateur du *Bon Marché*, un grand magasin parisien.**
Récrivez ce texte au passé. Utilisez soit l'imparfait, soit le passé composé, soit le plus-que-parfait.

Aristide Boucicaut

Aristide Boucicaut achète son premier magasin en 1852. Il s'agit alors d'une simple boutique, qui comprend quatre rayons de tissu et occupe seulement 12 employés. Par la suite, l'affaire se développe vite. Petit à petit, Aristide Boucicaut achète les magasins voisins et finit par posséder tout le pâté de maisons. À sa mort, en 1877, la petite boutique est devenue un grand magasin de 40 000 m², qui emploie 3 000 vendeurs et reçoit chaque jour 16 000 clients.
Pourtant, quand Aristide Boucicaut arrive à Paris, la concurrence est sévère. Mais il a passé de longues années à vendre du tissu et connaît bien les usages commerciaux. Il a beaucoup réfléchi à sa stratégie commerciale avant de se lancer.

B. Vocabulaire

2 **Dans son magasin, *Le Bon Marché*, Aristide Boucicaut développe huit innovations qui feront sa fortune. Associez les termes de la colonne A aux explications de la colonne B.**

A		B
1. Vente par correspondance **2.** Prix fixes................... **3.** Prix compétitifs........... **4.** Qualité garantie........... **5.** Livraison à domicile....... **6.** Multiplication des produits **7.** Entrée libre................. **8.** Magasin confortable......	*c*	**a.** Le magasin présente de nombreux articles et les clients finissent par acheter des produits qu'ils n'avaient pas l'intention d'acheter. **b.** Les clients ne peuvent plus marchander. **c.** Le magasin édite un catalogue de VPC (Vente par correspondance). **d.** Le magasin s'engage à reprendre tout article défectueux. **e.** Le magasin réduit ses marges bénéficiaires, mais se rattrape sur la quantité. **f.** Le magasin livre gratuitement toute marchandise de plus de 50 euros. **g.** Des salons sont mis à la disposition des clients pour qu'ils se reposent. **h.** Les clients peuvent flâner dans le magasin et regarder comme ils veulent.

B. Lecture

3 **Un client entre dans un magasin de vêtements. Lisez le dialogue qu'il a avec la vendeuse. À quel endroit du dialogue pouvez-vous ajouter les répliques *a* à *f* de la vendeuse ?**

Vendeuse : Bonjour, monsieur. [1..........]
Client : Je voudrais faire un cadeau. Est-ce que vous avez des chemises en soie ? Une taille 40.
Vendeuse : Oui, bien sûr. [2..........]
Client : Je voudrais une couleur unie. Vous avez du bleu ?
Vendeuse : Bien entendu. Regardez celle-ci, la finition est très soignée. [3..........]
Client : Elle est jolie. Combien coûte-t-elle ?
Vendeuse : Celle-ci est à 58 €. [4..........]
Client : 58 €, c'est beaucoup.
Vendeuse : Si vous payez en espèces, je peux vous faire une réduction de 10 %. [5..........]
Client : Eh bien, d'accord, je la prends.
Vendeuse : C'est un beau cadeau. [6..........]

a. À ce prix, c'est une affaire.
b. Je vous fais aussi un paquet cadeau.
c. Est-ce que je peux vous aider ?
d. Désirez-vous autre chose ?
e. Est-ce qu'elle vous plaît ?
f. Quel coloris cherchez-vous ?

C. Savoir-faire

4 **Vous travaillez comme vendeur dans un magasin. Placez les étapes suivantes dans l'ordre chronologique.**

☐ **a.** Je recherche les besoins du client.
☐ **b.** Je conclus la vente.
☐ **c.** J'accueille le client.
☐ **d.** Je propose un article.
☐ **e.** Je prends congé.
☐ **f.** Je réponds aux objections du client.

5 **Imaginez que vous êtes le responsable du marketing dans les deux cas suivants.**

a. La Société Durand fabrique des briquets de grand luxe. La demande est très forte. Malheureusement, la société ne peut pas augmenter sa production à court terme en raison du caractère artisanal de la fabrication. Vous souhaitez réduire la demande et éviter des délais d'attente trop longs aux acheteurs.

Quelle décision prenez-vous ?

Votre réponse : ....
....
....
....
....

b. La Société Vitox vend en France des vins de table courants, très bon marché. Depuis cinq ans, vous constatez une baisse régulière des ventes. Vous savez que les Français ont tendance à boire moins de vin, mais du vin de meilleure qualité.

Quelle décision prenez-vous ?

Votre réponse : ....
....
....
....
....

4 Chercher des opportunités

A. Grammaire

La condition et l'hypothèse : les phrases avec « si »

1 **Complétez le texte suivant en mettant les verbes entre parenthèses au temps correct.**

LE MONDE EN MODÈLE RÉDUIT

Si on *(pouvoir)* .... réduire la population du monde en **un village de 100 personnes**, ce village serait composé de **57 Asiatiques + 21 Européens + 14 Américains (Nord, Centre, et Sud) + 8 Africains.**

– Il y *(avoir)* .... 52 femmes et 48 hommes,

– 6 personnes (toutes originaires des États-Unis) *(posséder)* .... 59 % de la richesse totale,

– 1 seule *(avoir)* .... un diplôme universitaire,

– 70 *(être)* .... analphabètes,

– 80 *(vivre)* .... dans de mauvaises conditions,

– 50 *(souffrir)* .... de malnutrition.

Si vous considérez le monde de cette manière, vous pouvez encore prendre ceci en considération :

– si vous *(se lever)* .... ce matin avec plus de santé que de maladie, vous êtes plus chanceux que le million de personnes qui ne verra pas la semaine prochaine ;

– si vous avez de l'argent à la banque, dans votre portefeuille et de la monnaie dans une petite boîte, vous *(faire partie)* .... des 8 % les plus privilégiés du monde ;

– si vous *(avoir)* .... de la nourriture dans votre frigo, des habits sur vous, un toit sur votre tête et un endroit pour dormir, vous *(être)* .... plus riche que 75 % des habitants de la Terre.

2 **Complétez avec les verbes suivants au temps correct :**
apporter, s'enrichir, gagner, s'implanter, perdre, poursuivre, risquer

1. Si vous faites de mauvais placements, vous .... de perdre beaucoup d'argent.

2. Si cette entreprise .... dans la région, il y aurait des créations d'emplois.

3. Si l'entreprise faisait faillite, nous .... tous notre travail.

4. Si nous ne remboursions pas notre dette, ils nous .... en justice.

5. Si je .... un peu d'argent, je ferai un voyage.

6. Si vous ne lui .... pas la preuve, il ne vous croira pas.

7. Dommage ! Si vous aviez investi dans ce secteur, vous ....

B. Vocabulaire

3 Complétez avec le mot qui convient.

1. Depuis bientôt 8 ans, ce pays connaît une… annuelle de 10 %.

a. ☐ force
b. ☐ économie
c. ☐ croissance

2. Dans les pays industrialisés, de moins en moins de gens travaillent dans le … primaire.

a. ☐ revenu
b. ☐ secteur
c. ☐ rayon

3. Les responsables ont été … en justice.

a. ☐ disputés
b. ☐ adoptés
c ☐ poursuivis

4. Il dit qu'il connaît un bon … de s'enrichir.

a. ☐ moyen
b. ☐ genre
c. ☐ conseil

5. Tu devrais investir dans la biochimie, c'est un secteur … .

a. ☐ au futur
b. ☐ d'avenir
c. ☐ le lendemain

6. Les pays de l'OPEP … du pétrole à la plupart des pays occidentaux.

a. ☐ fournissent
b. ☐ remboursent
c. ☐ profitent

7. Il … toujours les autres responsables de ses erreurs.

a. ☐ rend
b. ☐ fait
c. ☐ laisse

8. Heureusement qu'il était là ! Il a … l'entreprise de la faillite.

a. ☐ encouragé
b. ☐ sauvé
c. ☐ supprimé

C. Lecture

4 Voici ci-dessous quelques règles pour bien commencer en bourse. Faites correspondre les conseils de la colonne A à ceux de la colonne B.

A		B
1. Attention ! Méfiez-vous des valeurs à la mode, qui peuvent augmenter de façon irrationnelle.	*a*	**a.** Les effets de mode, tu éviteras.
2. Il est risqué d'investir tout son capital dans des valeurs appartenant au même secteur d'activité.	…	**b.** En toutes circonstances, ton calme tu garderas.
3. Le meilleur moyen de limiter les risques est de bien se renseigner sur les valeurs : l'activité de l'entreprise, ses projets, son secteur, le contexte économique, etc.	…	**c.** Sur le long terme, tu penseras.
4. En cas de forte baisse des marchés, ne paniquez pas. La bourse fonctionne par cycles de baisse puis de hausse. Mieux vaut être patient et attendre que le cours remonte.	…	**d.** Ton portefeuille, tu diversifieras.
5. Vous n'êtes pas obligé de commencer en achetant 55 valeurs différentes. Commencez par miser sur 3 ou 4 valeurs pour bien comprendre les mécanismes boursiers.	…	**e.** Sur tes valeurs, tu t'informeras.
6. Même si certains coups spéculatifs peuvent rapporter gros dans un délai très court, ils sont toujours plus risqués et, en moyenne, moins rentable qu'une stratégie d'investissement sur au moins deux ou trois ans.	…	**f.** Le nombre d'actions, tu limiteras.

Source : www.boursorama.com

7 travail

1 Répartir les tâches

A. Grammaire

Le subjonctif

1 Indiquez si les verbes en italique sont à l'imparfait de l'indicatif ou au subjonctif.

	Imparfait	Subjonctif
1. Il serait temps que vous *commenciez* à travailler.	☐	☐
2. Je ferai mon possible pour que vous *soyez* satisfait.	☐	☐
3. Pourquoi *étiez*-vous si content ?	☐	☐
4. Il faudrait que vous *preniez* rendez-vous avec lui.	☐	☐
5. Le directeur déteste que vous le *contredisiez*.	☐	☐
6. Il a pensé que vous *aviez* raison.	☐	☐
7. Je regrette que vous ne *fabriquiez* plus ce produit.	☐	☐
8. Je croyais que vous *vouliez* venir avec nous.	☐	☐

2 Mettez les verbes entre parenthèses au subjonctif présent.

1. Je ne serais pas surpris qu'elle *(réussir)* ....

2. Ça m'étonnerait qu'il *(obtenir)* .... satisfaction.

3. Je suis étonné qu'elle *(pouvoir)* .... travailler si vite.

4. Je suis content qu'il *(vouloir)* .... bien nous aider.

5. Le directeur exige que vous *(se mettre)* .... au travail.

6. J'aimerais bien que vous *(se taire)* .... quand je parle.

7. Il serait temps qu'il *(finir)* .... par comprendre.

8. Il faudrait qu'on *(s'en aller)* .... bientôt.

3 Complétez en mettant les verbes entre parenthèses au subjonctif passé.

1. Je suis heureux que vous *(répondre)* .... si vite.

2. Je doute fort que Félix *(déjà rentrer)* ....

3. C'est dommage que vous *(arriver)* .... si tard.

4. J'ai bien peur qu'il *(encore changer)* .... d'avis.

5. Je me félicite que tu *(être)* .... embauché.

4 Complétez les phrases en utilisant le subjonctif (présent ou passé).

*Ex. : Il est toujours en retard. → **Je trouve inadmissible qu'il soit toujours en retard.***

1. Tu veux toujours avoir raison. → Ça m'énerve que tu ....

2. Vous m'avez menti. → Je n'apprécie pas du tout que vous ....

3. Ils nous ont encore oublié. → Je suis furieux qu'ils ....

4. Tu n'as pas assisté à la réunion. → C'est dommage que tu ....

B. Vocabulaire

5 **L'organigramme décrit l'organisation d'une entreprise. Voici celui de la société Saint-Fior.**

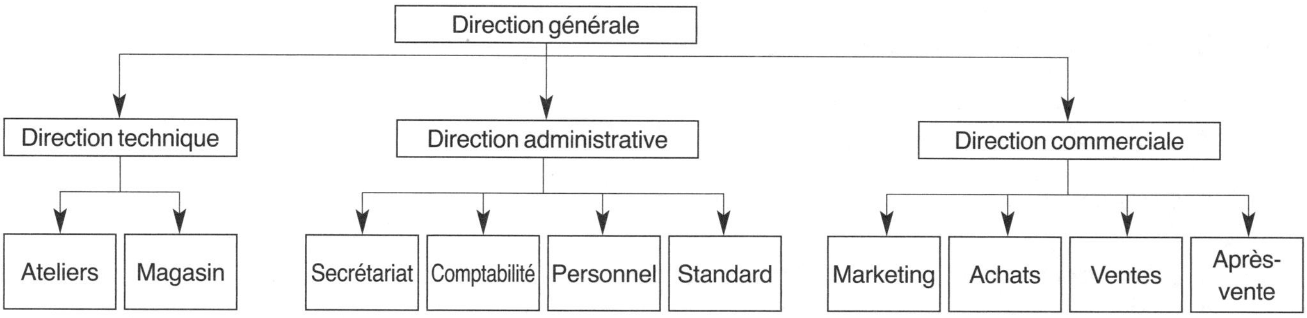

Lisez les déclarations suivantes de quelques salariés de Saint-Fior et, à l'aide de l'organigramme ci-dessus, indiquez dans quel service travaille chacun d'eux.

Quand vous téléphonez c'est sur moi que vous tombez.

(1) ***Standard***

Je m'occupe du stock de l'entrepôt.

(5) ....

S'il y a un défaut de fabrication venez me voir.

(2) ....

Avant de lancer un produit, mon service réalise des études de marché.

(6) ....

Cet après-midi, je reçois un candidat pour un poste d'assistant. Regardez, voici son CV. Qu'est-ce que vous en pensez ?

(3) ....

Je dirige une équipe d'ouvriers.

(7) ....

Je choisis les meilleurs fournisseurs, je négocie les meilleurs prix.

(4) ....

Je paie les fournisseurs, j'établis les factures, j'encaisse les chèques.

(8) ....

2 Aménager l'espace de travail

A. Grammaire

La condition – L'hypothèse

1 Le gérondif peut exprimer la condition.

Ex. : Si tu cherchais, tu finirais par trouver. → ***En cherchant, tu finiras par trouver.***

a. Dans les six phrases suivantes, le gérondif peut-il être utilisé pour exprimer la condition ?

	Oui	Non
1. Si on réfléchit un peu, on trouvera bien une solution.	☐	☐
2. Si elle était mieux gérée, cette entreprise serait plus efficace.	☐	☐
3. Si la réunion commence tôt, on pourra sortir avant 18 heures.	☐	☐
4. Si tu fais le 75 67, c'est sur le standard que tu tombes.	☐	☐
5. Si chacun avait son propre bureau, l'ambiance serait meilleure.	☐	☐

b. Récrivez trois des cinq phrases ci-dessus en utilisant le gérondif.

→ ....

→ ....

→ ....

2 Complétez les phrases avec les verbes suivants :

fasse, ferait, retienne, savait, veuille, voudrait

1. Au cas où elle .... me joindre, elle peut toujours m'appeler sur mon portable.

2. Dans l'hypothèse où l'entreprise .... faillite, on se retrouverait tous au chômage.

3. Tout ira bien à condition qu'il .... bien faire un effort.

4. Elle parle comme si elle .... tout sur tout.

5. Il est content pourvu que la société .... des bénéfices.

6. Elle arrivera vers 18 heures, à moins que le patron ne la .... au bureau.

3 Complétez les phrases suivantes.

1. J'arriverai à terminer ce travail à condition de ....

2. J'assisterai à la réunion si ....

3. Il te prête sa voiture à condition que ....

4. Les employés sont libres de travailler à leur rythme pourvu qu(e) ....

5. Laissez-moi un message au cas où ....

B. Vocabulaire

4 **Complétez l'extrait de lettre ci-dessous avec les verbes de la liste suivante :**
aménager, communiquer, se concentrer, personnaliser, se poser

Objet :
Conseils pour l'aménagement de l'espace de travail.

Monsieur le Directeur,

Si vous décidez d' .... l'espace de travail de vos employés, n'oubliez pas de .... quelques questions :

– L'éclairage est-il suffisant ?

– Les employés peuvent-ils bien .... sur leurs tâches ?

– Peuvent-ils facilement .... entre eux et .... leur bureau avec des objets décoratifs (affiches, photos, plantes, etc.) ?

C. Lecture

5 **Le texte suivant décrit les conditions de travail de Karl Marx, en 1852. Marx, alors âgé de 34 ans, vit avec sa famille à Londres.**
Cinq phrases de ce texte ont été supprimées. Retrouvez-les parmi les propositions *a* à *e* ci-dessous.

Quand il a un travail à faire, Marx y passe le jour et la nuit. [1..........] Souvent il reste debout toute la nuit et, à midi, il s'étend sur un sofa, tout habillé, et dort jusqu'au soir, indifférent aux allées et venues autour de lui.

Marx habite et travaille dans l'un des pires et des plus pauvres quartiers de Londres, dans deux pièces, l'une avec vue sur la rue, l'autre sur la cour. [2..........] Sur une grande table branlante, des manuscrits, des livres, des journaux et des jouets voisinent avec un ouvrage de couture, des tasses cassées, des couverts sales, etc.

Quand on entre dans la pièce où se trouve Marx, les yeux se heurtent à un voile de fumée. [3..........]

[4..........] Là, une chaise tient sur trois pieds, ici, l'autre chaise n'a pas été nettoyée et on y risque son pantalon.

[5..........] On est reçu de la manière la plus charmante, on vous offre pipe, cigarettes, ce qu'il y a dans la maison, avec cordialité. Le charme d'une conversation brillante rend l'inconfort tolérable.

a. Il est dangereux de s'asseoir.
b. Rien de tout cela n'embarrasse Marx et sa femme.
c. Il n'a pas d'heure fixe pour dormir et se lever.
d. Il faut s'y habituer pour distinguer quelque chose dans ce brouillard.
e. Tout est dans un grand désordre.

3 Résoudre les conflits du travail

A. Grammaire

Le passé simple

1 Complétez chaque phrase avec un des verbes suivants :
changea, devinrent, entra, firent, fut, investirent, lut, passèrent, quitta, racontèrent, reconnus

1. Ils .... leur argent en bourse et .... riches.

2. Les mois .... et rien ne ....

3. Elles .... une histoire drôle.

4. Ils .... de grands efforts pour ne pas rire.

5. Quand il ...., je le .... tout de suite.

6. Elle .... son discours et .... la réunion.

7. Cette entreprise .... créée il y a un siècle.

B. Vocabulaire

2 Dans ce courriel, Félix décrit ses conditions de travail.
Complétez les mentions manquantes avec les mots suivants :
emploi, harcèlement, licenciement, paperasse, promotion, supérieure, fonctions, relations, reproches, sanctions

Ma chère Sarah,

Je travaille depuis trois mois pour la société Travodur, mais je suis déjà à la recherche d'un nouvel .... Les choses, en effet, se passent très mal.

Pour commencer, je ne sais même pas en quoi consistent précisément mes .... Personne ne m'a jamais expliqué clairement ce que je devais faire. Pour l'instant, je remplis de la .... toute la journée et c'est très ennuyeux.

Mais c'est surtout avec Mme Paul, ma .... hiérarchique, que je rencontre des problèmes. Depuis que j'ai repoussé ses avances (amoureuses), nos .... sont devenues difficiles. Elle me mène la vie dure, en me faisant sans arrêt des .... et en me menaçant de toutes sortes de .... Bref, j'ai l'impression d'être victime d'un véritable .... et il m'arrive de rentrer déprimé à la maison. En fait, je serai soulagé le jour où je recevrais une lettre de ....

Et toi, comment vas-tu ? As-tu finalement obtenu la .... que tu souhaitais ?

Je t'embrasse.

Félix

C. Écriture

3 **Manuel Rimbert travaille chez Metallic, une entreprise industrielle implantée dans la banlieue parisienne.**

Le 16 mars au matin, Manuel Rimbert a été victime d'un accident du travail dans l'atelier 4, où il occupe un poste d'ouvrier de production. Alexandre Kicétou est chargé d'enquêter sur les circonstances de l'accident et de rédiger un rapport à l'attention de la directrice de la production. Dans le cadre de son enquête, il interroge Régis Cristin, le seul ouvrier à avoir assisté à l'accident.

Lisez ci-dessous la transcription de cet entretien. Puis rédigez le rapport à la place d'Alexandre Kicétou. Expliquez les faits et les causes de l'accident, et faites des propositions.

A. Kicétou : M. Cristin, vous pouvez me raconter ce que vous avez vu ?
R. Cristin : Il était environ 10 heures du matin, on travaillait dans l'atelier. J'ai entendu un cri et je me suis retourné, c'était Manuel qui criait, il avait la main en sang.
A. Kicétou : Que s'est-il passé exactement ?
R. Cristin : Il s'était coupé avec la scie électrique.
A. Kicétou : Mais il y a un système de sécurité sur cette scie, n'est-ce pas ?
R. Cristin : Oui, mais il ne fonctionne pas toujours.
A. Kicétou : Ah bon ? C'est très ennuyeux, dites-moi. En tout cas, je suppose que vous portez des gants de protection.
R. Cristin : C'est vrai, mais, franchement, les gants, c'est pas très efficace, et surtout, c'est pas très pratique. Les gars préfèrent travailler sans gants.
A. Kicétou : Si je comprends bien, au moment de l'accident, M. Rimbert ne portait pas de gants.
R. Cristin : On peut dire ça.
A. Kicétou : Et sur la scie, le système de sécurité ne fonctionnait probablement pas.
R. Cristin : On peut dire ça aussi.
A. Kicétou : Ce n'est pas le premier accident de ce genre, je crois.
R. Cristin : Il y a deux mois, pareil, un gars s'est coupé un doigt avec la scie. Heureusement, Manuel a eu plus de chance. Lui, au moins, il va garder son doigt.

Rapport sur l'accident de travail de M. Rimbert
Madame la Directrice,
À la suite de votre demande du 18 mars, je vous présente mes observations sur l'accident de travail de M. Manuel Rimbert, survenu ....
....
....
....
....
....
....
....
....
....
....

....
....
....
....
....
....
....
....
....
....
....
....
....
....

4 Travailler à l'étranger

A. Grammaire

Le discours rapporté

1 Complétez avec le mot qui convient.

1. Je n'ai pas compris .... tu avais refusé son offre.

2. Elle n'a pas pu nous expliquer .... on allait à la poste.

3. Je leur ai expliqué ce .... ils devaient faire.

4. Il nous a demandé .... qui s'était passé pendant son absence.

5. On s'est demandé .... pourrait bien faire ce travail.

6. Il voulait savoir à .... servait cette machine.

2 Complétez avec le mot qui convient.

1. Je lui ai suggéré .... prendre l'avion.

2. Il nous a averti .... il arriverait en retard.

3. Il nous a dit .... ne pas l'attendre.

4. Elle m'a invité .... la rejoindre à Paris.

5. Ils nous ont reproché .... être partis sans eux.

6. Il a prétendu .... son salaire était trop faible.

7. Je lui ai conseillé .... demander une augmentation.

8. Je l'ai félicité .... son courage.

3 Transformez les phrases suivantes en respectant la concordance des temps.

1. On m'a offert un poste à l'étranger et je ne sais pas quoi décider.

→ Elle nous a dit ....

2. Il me sera difficile de quitter mon pays.

→ Elle nous a dit ....

3. Elle va réfléchir un peu.

→ Elle a dit ....

4. Elle en a parlé à ses amis.

→ Elle a dit ....

5. Qu'est-ce que tu en penses ?

→ Elle m'a demandé ....

6. Est-ce que je dois accepter ?

→ Elle nous a demandé ....

7. Ton avis m'intéresse.

→ Elle m'a dit ....

8. Tu me rendras visite ?

→ Elle m'a demandé ....

4 **Anna vit à Rio de Janeiro. Le texte ci-dessous, extrait d'un article de presse, décrit ses conditions de vie. Complétez ce texte avec les mots suivants :**
charges, études, formation, loyer, main d'œuvre, montant, rémunération, service

Anna loue un grand appartement qui donne sur la mer. Son .... s'élève à environ 1 000 € par mois, auquel s'ajoutent des .... diverses (électricité, gaz, taxes, etc.).
Dans l'ensemble, la .... au Brésil est peu qualifiée. Sarah, quant à elle, a eu la chance de faire des .... Elle a une .... de juriste et dirige maintenant le .... du personnel d'une grande entreprise. Le .... total de sa .... comprend un salaire fixe et de nombreuses primes.

C. Lecture

5 **Pauline est ingénieur dans une grande entreprise française. Elle hésite à accepter un poste en Turquie. Lisez le document suivant. Quelle partie de ce document répond à chacune des préoccupations de Pauline ?**

La société s'engage à :
1. vous loger dans un appartement de votre choix ;
2. vous offrir deux voyages par an en France ;
3. vous proposer une promotion à votre retour en France ;
4. payer la scolarité de vos enfants ;
5. vous offrir des cours particuliers de turc.

J'attache beaucoup d'importance à l'éducation de mes enfants.

(a) ***4***

Ma maison est très confortable.

(d) ....

Ma famille en France va me manquer.

(e) ....

Je ne parle pas la langue du pays.

(b) ....

Après plusieurs années d'absence, il me sera difficile de me réintégrer dans l'entreprise.

(c) ....

Pauline

1 Consulter les offres d'emploi

A. Grammaire

Le subjonctif dans les constructions relatives

1 Complétez les phrases selon l'exemple. Utilisez *qui, à qui, avec qui.*

Ex. : Elle est disponible. → ***Je cherche une assistante qui soit disponible.***

1. Elle sait prendre des initiatives. → Je cherche une assistante ....
2. Elle tient compte de mes suggestions. → J'ai besoin d'une assistante ....
3. Je m'entends parfaitement avec elle. → J'aimerais une assistante ....
4. Je peux lui confier toutes sortes de tâches. → Existe-t-il une assistante .... ?
5. Le travail ne lui fait pas peur. → Connaîtriez-vous une assistante .... ?

B. Vocabulaire

2 Complétez en choisissant dans la liste ci-contre le terme qui convient.

COMMENT TROUVER UN EMPLOI SUR INTERNET

AUCHAN

www.auchan.com/hr

La rubrique « offres d'emploi » du site Web d'Auchan permet de sélectionner les différents (1) .... proposés, par (2) .... ou par région. Auchan recherche des (3) .... divers : comptables, bouchers, boulangers, poissonniers, caissiers, commerciaux, etc. Si une (4) .... vous intéresse, vous pouvez y répondre en remplissant un (5) .... spécial qui regroupe le CV et la lettre de (6) .... Plusieurs stages sont également proposés dans les divers (7) .... de la société ; mais, cette fois-ci, vous devez envoyer votre (8) .... par la poste.

L'OREAL

www.loreal.com/fr/carriere/

Chaque année, l'Oréal (9) .... des chimistes, des commerciaux, des vendeurs ou des jeunes diplômés en marketing. Mais attention : les cyber-recruteurs de l'Oréal ne se contentent pas de vous demander un CV. Ils vous invitent à un véritable (10) .... d'embauche virtuel où vous devez répondre à des questions concrètes sur vos (11) .... professionnelles, votre manière de travailler, votre motivation pour (12) .... l'entreprise.

1. avantages, horaires, postes, travaux
2. employeur, équipe, marché, métier
3. assistants, caractères, consultants, profils
4. compétence, demande, offre, position
5. contrat, formulaire, outil, renseignement
6. condition, mission, motivation, présentation
7. marchés, lieux, secteurs, services
8. ambition, candidature, diplôme, offre
9. comporte, gère, prospecte, recrute
10. échange, entretien, interlocuteur, interview
11. conditions, expériences, possibilités, relations
12. mener, rejoindre, renforcer, taquiner

C. Lecture

3 **Vous travaillez pour un journal, *Le Quotidien du Soir*, au service des petites annonces. Les annonces suivantes doivent paraître dans le prochain numéro. Classez ces offres dans le tableau suivant.**

Rubriques	Offres d'emploi
Bâtiment	...
Comptabilité	*1*
Enseignement	...
Juridique.....................	...
Marketing téléphonique	...
Haute couture.............	...
Commercial	...
Personnel de santé	...
Petit commerce	...

1

Cabinet d'expertise comptable recherche
COLLABORATEURS
pour Paris et région parisienne
Env. CV à STEXCO
11, rue Réaumur
75003 Paris

2

Agence de communication CHATOU (78)
rech. PRO. DU TÉL.
pour prise de R.V. cial
expér. exigée
Fixe + % motivant
Poste à pouvoir immédiatement
01 30 09 71 80

3

BOUCHERIE DU PALAIS
Paris 16 cherche
APPRENTI BOUCHER
Expér. appréciée
01 47 44 95 63

4

SOCIÉTÉ PARIS
recherche
POSEUR DE CUISINE
expér. 1 525 euros/mois nets
évolutif :
01 43 78 00 35

5

CABINET D'IMAGERIE DENTAIRE • PARIS

Cherche
TECHNICIEN(NE)
Poste stable
Formation assurée
Env. CV, photo et lettre de motivation au Cabinet de radiologie dentaire ESH,
179, rue Saint-Honoré

6

AVOCAT SPÉCIALISÉ DANS LES PROCÉDURES CONTENTIEUSES FISCALES RECHERCHE
COLLABORATEUR FISCAL • H/F
AYANT ACQUIS UNE SOLIDE EXPÉRIENCE DANS LES SERVICES DE L'ADMINISTRATION FISCALE.
ÂGE INDIFFÉRENT.
ADRESSER DOSSIER DE CANDIDATURE À Me BERNARD
117, RUE DE COURCELLES
75017 PARIS

7

ÉCOLE DE LANGUES
RECHERCHE
Professeur de portugais
expérimenté(e) pour cours d'adultes à mi-temps sur banlieue et Paris
Tél. : après 11 h
au **01 45 61 53 56**

8

PAGE INTERIM
Distribution et Commerce recherche
RESPONSABLE DE STAND
Prêt-à-porter
Masculin de luxe
dans grands magasins
Tél. : **01 56 33 52 06**
isapapon@pageinterim.eur
pageinterim.eu

9

GROUPE EURO AGM
(Art Graphique et Multimédia)
recherche
ASSISTANTE MARKETING
Salaire motivant
Tél. : 01 41 10 44 44

2 Expliquer ses motivations

A. Grammaire

L'accord du participe passé

1 **Complétez le texte ci-dessous avec les verbes de la liste. Mettez ces verbes au participe passé. Attention aux accords !**
appeler, appuyer, avoir, blesser, embaucher, partir, pencher, déposer, prévenir

Souvenirs de DRH.

La candidate a .... une boîte noire sur mon bureau en déclarant que si elle n'était pas .... pour le salaire qu'elle demandait, la bombe exploserait. Je l'ai .... qu'elle n'avait aucune chance et j'ai .... la police. Alors, elle s'est .... sur la boîte, elle a .... sur un bouton et elle est .... en courant. Personne n'a été ...., mais nous avons tous .... très peur.

L'expression du but

2 **Prenez connaissance du document ci-dessous, extrait d'un questionnaire d'enquête sur la recherche d'emploi. À votre avis, quel pouvait être le principal objectif de la candidate de l'exercice 1 ?**

Que recherchez-vous en priorité dans un emploi ?

☐ La sécurité de l'emploi	☐ L'autonomie dans le travail	☐ L'intérêt du travail
☐ Le niveau de rémunération	☐ La diversité des tâches	☐ Les horaires de travail
☐ Le niveau de responsabilité	☐ Les possibilités de promotion	☐ L'ambiance de travail

3 **Terminez les phrases suivantes.**

1. Ce qu'il cherche dans un emploi, c'est ....
2. Elle consulte les petites annonces dans l'espoir ....
3. Il part travailler à l'étranger avec l'idée ....
4. Tu devrais terminer rapidement ce travail pour que ....
5. Il a accepté cet emploi de peur ....
6. Il cherche un poste qui ....
7. Elle poursuit ses études dans le but ....
8. J'apprends le français avec l'intention ....

B. Lecture

4 Prenez connaissance de ces deux documents et répondez aux questions.

Offre d'emploi

Société Publiweb
spécialisée dans la petite annonce
de vacances recherche
l'*HOMME DE LA SITUATION*
Pour occuper les fonctions de
RESPONSABLE DE MARKETING
Vous avez entre 23 et 28 ans.
Vous êtes diplômé d'une école
de commerce.
Vous parlez parfaitement anglais.
Vous avec un esprit d'initiative
et de réelles facultés d'adaptation.
Vous avez acquis une expérience
professionnelle d'au moins trois ans
dans les domaines du marketing
et de la communication.
Rattaché au directeur général,
vous êtes responsable du développement de
notre site d'offres d'emploi sur Internet.
Envoyer lettre et CV à Mathieu Lamoureux,
78, rue Grande - 1050 Bruxelles ou par
e-mail à mlamoureux@publiweb.eur

Lettre de candidature

Messieurs,

Suis-je l'Homme de la Situation que vous recherchez dans votre annonce publiée dans La Tribune de Bruxelles de ce jour ? J'ai 26 ans. Je suis titulaire d'une maîtrise de gestion. Je parle et écris couramment l'anglais et l'italien. [a ....]

Cela va sans doute vous paraître prétentieux, mais je crois être du type « créatif ». L'un de mes grands atouts est la rapidité avec laquelle j'apprends. [b ....]

Comme vous l'indique mon curriculum ci-joint, le marketing et la publicité sont les domaines dans lesquels j'ai travaillé ces quatre dernières années. [c ....]

Malheureusement, je ne suis pas l'homme de la situation que vous recherchez, car je ne suis pas un homme. Je vous demande toutefois de m'accorder un entretien. [d ....]

Je reste dans l'attente de votre réponse et vous prie de recevoir, Messieurs, mes meilleures salutations.

G. Spaghetti

a. À la fin de quels paragraphes de la lettre pouvez-vous ajouter les phrases suivantes ?

1. « Ma mémoire m'aide beaucoup. »
2. « Je connais particulièrement bien le secteur du tourisme. »
3. « En fait, je suis parfaitement trilingue. »
4. « Je pense être capable de vous vendre l'idée d'embaucher une femme. »

b. Remplissez le tableau ci-contre. À votre avis, le profil de G. Spaghetti répond-il aux critères du poste proposé ?

Critères	Profil souhaité du candidat	Profil de G. Spaghetti
Âge	....	....
Formation	....	....
Langues	....	....
Qualités	....	....
Expérience professionnelle	....	....

3. Rédiger un curriculum vitae

A. Grammaire

L'impératif (pour donner des conseils)

1 Complétez le texte à l'aide des expressions suivantes :
faites-vous, demandez-leur, assurez-vous, soyez, utilisez-le

Attention à l'orthographe !

Les fautes d'orthographe sont impardonnables dans un CV (tout comme dans une lettre de motivation). .... que votre traitement de texte contient un dictionnaire. ...., bien sûr, mais ce n'est pas suffisant, car ce dictionnaire ne corrigera pas toutes les fautes. .... très vigilant : certains recruteurs peuvent faire de l'orthographe un critère de recrutement ! .... relire par plusieurs personnes. .... par la même occasion si votre CV est clair.

B. Vocabulaire

2 Jean-Jacques Londechamp a eu la bonne idée de présenter son CV sur Internet. Complétez son message de bienvenue en choisissant ci-contre le mot approprié.

Jean-Jacques Londechamp
22, avenue de la Belle-Image
94440 Marolles-en-Brie

londechamp@aol.eu
01 45 95 44 22
06 67 88 22 87

Bienvenue !

Vous êtes sur la page personnelle
de Jean-Jacques Londechamp,
votre futur [(1)..............................] commercial.
N'hésitez pas à me <u>laisser un message</u>.
Depuis 7 ans, je suis spécialisé dans l'étude
du [(2)..............................] <u>chinois</u>.
Je recherche actuellement une entreprise
de [(3)..............................] internationale
souhaitant [(4)..............................]
ou poursuivre son [(5)..............................] en Chine.

<u>CV</u> Actualisé le 3 mars 2012

1. animateur
   directeur
   patron
   supérieur
2. statut
   marché
   quartier
   comportement
3. compétence
   grosseur
   suite
   taille
4. animer
   s'implanter
   suffire
   suivre
5. expansion
   influence
   soutien
   souci

C. Lecture

3 Le texte suivant présente les caractéristiques de trois types de CV.

a. Lisez ce texte, puis prenez connaissance des déclarations ci-contre. Ce sont les déclarations de personnes qui doivent rédiger un CV.

b. Conseillez à ces différentes personnes le type de CV le plus adapté à leur situation.

UN TYPE DE CV POUR CHAQUE SITUATION

• CV chronologique

Vous déroulez vos expériences les unes après les autres, en commençant par la plus ancienne. C'est la méthode la plus classique. Ce type de CV met l'accent sur votre progression.

• CV anti-chronologique

Vous racontez votre vie professionnelle en commençant par la fin de votre carrière. Choisissez cette forme de CV si votre métier actuel n'a plus rien à voir avec ce que vous faisiez au commencement de votre carrière.

• CV par compétences

Dans une première rubrique, vous exposez vos compétences, vous expliquez ce que vous savez faire. Ensuite, vous décrivez votre parcours professionnel (avec les dates ou la durée de vos emplois précédents). Privilégiez ce type de CV si votre parcours montre des signes d'instabilité ou comporte des trous.

J'ai la bougeotte. J'ai travaillé dans des secteurs très variés et je n'ai jamais occupé un poste plus d'un an.

(1) *CV par compétences*

J'ai toujours travaillé dans la production. J'ai été successivement ouvrier, puis chef d'atelier, et enfin ingénieur.

(2) ....

J'ai commencé ma carrière comme agriculteur. C'était il y a vingt ans. Aujourd'hui, je cherche un emploi d'agent commercial.

(3) ....

Ça n'a pas été toujours facile, j'ai traversé plusieurs périodes de chômage.

(4) ....

4 Trouvez dans le document ci-contre le conseil adapté à chacune des situations suivantes.

J'ai accumulé les diplômes universitaires.

(1) ....
....

J'ai travaillé pendant quinze ans dans la même entreprise.

(2) ....
....

J'ai interrompu ma vie professionnelle pour élever mes enfants.

(3) ....
....

Conseils d'expert

Si votre période hors de l'entreprise a été riche en activités bénévoles, indiquez-le. C'est signe de dynamisme.

Mettez en valeur vos compétences intellectuelles, qui peuvent intéresser certains domaines professionnels (services des études, documentation, etc.).

Vous pouvez mettre en avant, non l'entreprise, mais les fonctions que vous y avez occupées. Leur énumération donnera une impression de diversité.

4 Passer un entretien d'embauche

A. Grammaire

Le conditionnel passé

1 Utilisez le conditionnel passé pour exprimer un reproche.

Ex. : Il fallait que tu arrives à l'heure. → ***Il aurait fallu que tu arrives à l'heure.***

1. Tu devais la prévenir de ton retard.

→ ....

2. Tu pouvais nous répondre plus poliment.

→ ....

3. Vous deviez lui dire que vous étiez disponible.

→ ....

4. Il ne fallait pas demander un salaire si élevé.

→ ....

2 Exprimez un regret en complétant les phrases.

1. On aurait dû ...., mais il y avait des embouteillages.

2. Elle aurait pu ...., mais elle n'a pas assez travaillé.

3. Il aurait voulu ...., mais on ne l'a pas invité.

4. Elle aurait souhaité ...., mais vous étiez occupé.

5. J'aurais ...., mais j'étais malade.

6. J'aurais ...., mais elle était trop chère.

7. J'aurais ...., mais il a préféré rester à la maison.

8. J'aurais ...., mais l'argent ne m'a jamais intéressé.

B. Vocabulaire

3 Complétez les phrases avec les verbes suivants :

amener, jurer, mâcher, proposer, photographier, regarder, ricaner, téléphoner

Erreurs ridicules.

Le candidat n'aurait pas dû :

1. .... sa montre toutes les trente secondes.

2. .... son gros chien à l'entretien.

3. .... un chewing-gum en faisant des bulles en permanence.

4. .... bêtement en répondant aux questions.

5. .... le recruteur sous prétexte qu'il voulait garder un souvenir.

6. .... à son psychiatre pour lui demander conseil.

7. .... que s'il était embauché, il se tatouerait le logo de l'entreprise sur le bras.

8. .... un bras de fer au recruteur.

C. Lecture

4 **Le texte ci-dessous raconte un entretien d'embauche. Lisez-le, puis répondez aux questions.**

– C'est pour la petite annonce, madame, pour le poste de secrétaire.
– Entrez, et asseyez-vous. Vous êtes M. Galopin, n'est-ce pas ?
– C'est exact, madame.
– Pouvez-vous m'expliquez votre parcours, en quelques mots ?
– Oui, bien sûr. Après le bac, j'ai fait des études de secrétariat pendant deux ans, puis j'ai travaillé comme secrétaire pendant cinq ans.
– Dans votre CV, il est indiqué que vous avez travaillé à temps partiel, c'est bien ça ?
– Oui, madame, c'était pour pouvoir m'occuper de mes enfants quand ils étaient petits.
– Je vois, vous avez combien d'enfants, M. Galopin ?
– Deux, madame, mais maintenant, ils vont à l'école toute la journée, je les prends le soir en sortant du bureau, avant de faire les courses. Maintenant, donc, je peux travailler à plein temps, il n'y a pas de problème.
– J'espère, parce qu'il y a encore trop d'hommes qui ne viennent pas travailler sous prétexte que bébé est enrhumé. Nous attachons beaucoup d'importance à l'assiduité. Quel âge ont vos enfants ?
– Ils sont déjà grands. Gabrielle, c'est ma fille, elle vient d'avoir 8 ans, et Julien, mon garçon, il a 6 ans.

– Et que ferez-vous s'ils tombent malades ? Avez-vous prévu quelque chose ?
– Je peux appeler mon frère, il habite tout près et il est toujours disponible, il n'a pas besoin de travailler, sa femme gagne assez, elle est ingénieur.
– Et votre femme, que fait-elle ?
– Ma femme ? Elle est chef d'atelier dans une entreprise automobile.
– Très bien, M. Galopin, je vous remercie. Nous vous enverrons un courrier pour vous donner une réponse.
La chef du personnel regarda M. Galopin sortir du bureau. Il était chauve. Il avait les jambes courtes. Il n'était pas son genre d'homme.

a. Quelle est la formation du candidat ? ....

b. A-t-il une expérience professionnelle ? ....

c. Quel type d'emploi recherche-t-il ? ....

d. À votre avis, sera-t-il embauché ? Pourquoi ? Qu'en pensez-vous ? ....

....

....

....

9 prise de parole

1 Pratiquer l'écoute active

A. Grammaire

Indicatif ou subjonctif dans la proposition subordonnée complétive

1 Mettez les verbes aux temps et mode qui conviennent.

1. J'espère qu'il *(apprendre)* .... le français pendant son prochain séjour.
2. Je trouve navrant qu'elle ne (pas *venir)* .... à la réunion d'hier.
3. Je suis sûr qu'il *(réussir)* .... un jour.
4. Il faudrait que vous lui *(expliquer)* .... ce qu'il doit faire.
5. Je doute qu'il *(pouvoir)* .... terminer le travail avant la fin du mois.
6. Je suis content qu'il (déjà *arriver)* ....
7. Il veut que je lui *(remettre)* .... mon rapport avant la fin du mois.
8. Il paraît qu'elles *(aller)* .... au Portugal le mois dernier.
9. Elle exige que nous lui *(obéir)* .... sans discuter.
10. Tu as parlé trop vite, j'ai peur qu'il *(avoir)* .... des difficultés à comprendre.

2 Complétez les phrases.

1. Je ne supporte pas qu(e) ....
2. Le professeur voudrait qu(e) ....
3. Je suis convaincu qu(e) ....
4. Mon voisin s'imagine qu(e) ....
5. J'espère qu(e) ....
6. Je suis d'avis qu(e) ....

B. Vocabulaire

3 Maryse et Philippe parlent de Nicolas. Complétez leur dialogue à l'aide des mots suivants :
en forme, se retrouve, déstabilisé, franchement, grave, des tas de, s'en sortir, paraît, l'air

Il .... que Nicolas a été licencié et qu'il est complètement .... Il .... tout à coup sans boulot.

Maryse

C'est vrai, je l'ai vu hier, il n'a pas .... très .... mais ...., je pense que ça n'est pas si .... Il a .... relations et il va sûrement .... très vite.

Philippe

C. Savoir-faire

4 **Lisez la déclaration de Maryse.**

Maryse *Philippe*

D'après l'avis du consultant, quelle est la meilleure réponse que Philippe pourrait-faire ?

L'avis du consultant

1. Si j'ai bien compris, le client que tu devais rencontrer hier n'est pas venu et tu trouves ça inquiétant parce que c'est un client important.

2. Tu veux dire que tu as oublié de prendre rendez-vous avec un client important et tu espères que ce n'est pas un problème.

3. Autrement dit, hier, tu as oublié une réunion importante avec un client et maintenant tu es en colère.

4. Ne t'inquiète pas ! Ça arrive à tout le monde d'oublier un rendez-vous.

5. Franchement, c'est idiot d'oublier ses clients. À ta place, je téléphonerai immédiatement pour présenter mes excuses.

6. Tu dis qu'hier, tu as oublié de rendre visite à un client important et maintenant tu regrettes d'avoir raté une belle affaire.

7. Je comprends ce que tu veux dire. Hier, tu as oublié un rendez-vous avec un gros client et je vois que tu as l'air inquiet.

8. Si je comprends bien, tu es inquiète parce qu'hier, tu as oublié de prévenir un client important que tu ne pourrais pas le rencontrer.

2 Présenter des objections

A. Grammaire

Indicatif ou subjonctif dans la proposition subordonnée complétive

1 Choisissez la ou les bonnes réponses.

1. Je suis d'accord pour dire que vous … compétent.
a. ☐ êtes
b. ☐ soyez

2. Il est vrai que nous … souvent changé d'avis.
a. ☐ avons
b. ☐ ayons

3. Tu crois qu'il … sérieux ?
a. ☐ est
b. ☐ soit

4. Pensez-vous que ce projet … bien raisonnable ?
a. ☐ est
b. ☐ soit

5. Est-ce que tu penses qu'il … la vérité ?
a. ☐ dit
b. ☐ dise

6. J'admets qu'il … être sympathique parfois.
a. ☐ peut
b. ☐ puisse

7. Je pense qu'il … très bien.
a. ☐ réussira
b. ☐ réussisse

8. Cette fois-ci, je ne pense pas qu'il s'en …
a. ☐ sortira
b. ☐ sorte

2 Mettez les verbes aux temps et mode qui conviennent.

1. Il serait temps que tu *(faire)* .... un effort, tu ne crois pas ?
2. Je crois qu'elle *(être)* .... en retard ce soir.
3. Je regrette que vous *(perdre)* .... votre emploi.
4. Je sais qu'elle *(se marier)* .... l'année dernière.
5. Je dois reconnaître que nous *(commettre)* .... une erreur hier.
6. J'ai l'impression qu'il ne *(comprendre)* .... pas ce que tu racontes.
7. Tout le monde dit qu'il *(être)* .... incompétent.
8. Dommage que tu *(rater)* .... ton examen !

3 Répliquez en complétant les phrases.

1. Ta cravate ne va pas du tout avec ta veste ! C'est horrible !
– J'admets que ....
– Je crois que ....
– Penses-tu que .... ?

2. Il paraît que vous travaillez très lentement.
– C'est vrai que ....
– Je pense que ....
– Croyez-vous que .... ?

3. Votre CV me donne l'impression que vous êtes une personne instable.
– Je comprends que ....
– J'ai toujours pensé que ....
– Ne pensez-vous pas que .... ?

B. Savoir-faire

4 **Reliez les remarques de la colonne A aux objections de la colonne B.**

A		B
1. Encore en retard, Antoine.	*g*	**a.** Ce n'est pas toujours facile de garder son calme.
2. Ça ne vous gêne pas, ce désordre ?	…	**b.** J'ai des talents que vous ne connaissez pas.
3. Vous parlez trop, c'est énervant.	…	**c.** Je crois qu'il saura apporter les preuves de son innocence.
4. Décidément, Antoine, vous ne savez vraiment rien faire.	…	**d.** Je sais exactement où se trouvent mes affaires.
5. Vous changez d'avis tous les quarts d'heure.	…	**e.** Il ne faut pas écouter les rumeurs.
6. Vous vous énervez trop facilement.	…	**f.** Il faut savoir s'adapter aux circonstances.
7. Votre patron est impliqué dans une affaire de corruption, il ne s'en sortira pas.	…	**g.** Il y avait des embouteillages.
8. On dit que Corinne va être licenciée.	…	**h.** Je sais aussi écouter.

5 **Un vendeur doit savoir répondre aux objections des clients.**
Imaginez que vous vendiez des voitures. Choisissez ci-dessous la réponse *a* ou *b* aux objections des clients.

1. « C'est cher », vous dit le client.
a. ☐ Cela vous paraît cher par rapport à quoi ?
b. ☐ Je ne dirais pas ça, c'est une super bagnole.

2. « Je recherche quelque chose qui ne soit pas trop ruineux. »
a. ☐ Ce modèle n'est pas cher, voyons.
b. ☐ Ce modèle est à un prix intéressant.

3. « Cette voiture n'a pas d'essuie-glace arrière. »
a. ☐ C'est vrai. Êtes-vous intéressé par un modèle plus sophistiqué ?
b. ☐ Ce n'est pas un très bon modèle.

4. « Est-il possible de disposer rapidement de cette voiture ? »
a. ☐ Pas avant le mois prochain.
b. ☐ Elle est à vous à partir du mois prochain.

5. « Cette voiture n'est pas très pratique. »
a. ☐ C'est-à-dire ?
b. ☐ Rassurez-vous, elle existe aussi en 4 portes.

6. « Comment ça fonctionne, ce truc ? Ça me paraît très compliqué. »
a. ☐ C'est très simple, nous allons le faire fonctionner ensemble.
b. ☐ Mais non, voyons, il suffit de lire la notice, vous ne savez pas lire ?

7. « Oui, mais je veux réfléchir. »
a. ☐ Vous avez tort, ce n'est pas nécessaire.
b. ☐ Bien sûr, à quoi voulez-vous réfléchir ?

8. « Et pour le crédit ? »
a. ☐ Nous allons étudier la question.
b. ☐ Je vais vous expliquer le problème.

3 Faire une présentation

A. Introduction

1 Alexandre Kicétou fait un exposé sur le chômage.

a. Voici le commencement de son exposé. Les phrases sont dans le désordre. Mettez-les dans l'ordre.

☐ **a.** C'est un sujet extrêmement important puisque, comme vous le savez, le chômage touche encore 8 % de la population active.

☐ **b.** Pour ce qui est des causes, tout d'abord, certaines sont nationales, d'autres sont internationales.

☐ **c.** Je vais vous parler du chômage.

1 **d.** Bonjour.

☐ **e.** J'étudierai d'abord les causes du chômage et je vous en présenterai ensuite les conséquences.

b. Retrouvez dans les phrases de l'exercice *a* les expressions équivalentes.

*Ex. : comme vous n'êtes pas sans savoir → **comme vous le savez***

1. s'agissant des causes → ....

2. je commencerai par traiter → ....

3. le chômage concerne → ....

4. le sujet de mon intervention porte sur → ....

5. les premières…, les secondes… → ....

B. Développement

2 Le document ci-dessous contient le plan de l'exposé d'Alexandre Kicétou.

a. À l'aide de l'introduction de l'exercice *1a*, complétez les mentions manquantes de ce document.

LE CHÔMAGE

– *Introduction*

– *Développement*

I. Les .... du chômage

a. ....

b. ....

II. Les .... du chômage

a. économiques

b. sociales

– *Conclusion*

b. Voici quelques phrases extraites de cet exposé. Indiquez à quelle partie du développement elles se rattachent.

1. Notre système de formation prépare mal les jeunes au monde du travail. ***1 - a***

2. La montée du chômage coûte cher à l'État. ......

3. Quand les parents ne travaillent pas, la famille est déstabilisée. ......

4. Avec l'ouverture des frontières, la concurrence étrangère est devenue très vive. ......

5. Malheureusement, le gouvernement n'a pas su prendre les bonnes décisions. ......

6. Le chômage entraîne un accroissement de la délinquance et de l'insécurité. ......

3 **Voici cinq phrases extraites de la présentation d'Alexandre Kicétou.**
Indiquez si ces phrases se situent au début, au milieu ou à la fin de la conférence.

	Début	Milieu	Fin
1. C'est avec plaisir que je répondrai maintenant à vos questions.	☐	☐	☐
2. Il convient en premier lieu de définir ce qu'on entend par chômage.	☐	☐	☐
3. J'en ai terminé avec la première partie de cette conférence.	☐	☐	☐
4. Pour conclure, je citerai un économiste éminent.	☐	☐	☐
5. Cette transition m'amène au second point de mon exposé.	☐	☐	☐

C. Conclusion

4 **Voici la conclusion d'un exposé d'Alexandre Kicétou sur la publicité. Lisez-la.**

> Je terminerai en disant que personne ne peut nier les dangers de la publicité car elle crée des besoins infinis et, en définitive, elle nous rend toujours insatisfaits. Mais il faut reconnaître qu'elle a aussi des avantages. D'une part, elle apporte des informations aux consommateurs et d'autre part, elle est utile au jeu de la concurrence. Maintenant, que faire, que proposer ? Il faut, je crois, éduquer le consommateur pour qu'il puisse éviter les pièges de la publicité. Il faudrait aussi que des lois précises sanctionnent plus sévèrement les abus.

Dans une conclusion, on commence par faire le bilan ou la synthèse de ce qu'on a dit, et on termine en élargissant le sujet.

a. Dans la conclusion d'Alexandre Kicétou, à quel endroit se termine le bilan et commence l'élargissement ?

Fin du bilan : « .... »

Début de l'élargissement : « .... »

b. Quelles étaient les deux principales parties du développement?

I. ....

II. ....

D. Appréciation

5 **Voici quelques remarques du public entendues à la fin de la conférence d'Alexandre Kicétou.**
Complétez ces remarques avec les mots de la liste suivante :
détails, forme, gestes, orateur, pauses, plan, sujet

1. C'est un superbe .... Je l'ai trouvé décontracté et très vivant.

2. Le .... était bien choisi, mais il a donné trop de ....

3. Pour moi, c'était très réussi, aussi bien dans la .... que dans le fond.

4. Il fait trop de .... en parlant, et il va trop vite. Il devrait faire de petites .... de temps en temps.

5. Sa présentation était mal structurée, il n'avait pas de ....

4 Poser les bonnes questions

A. Grammaire

La modalisation

1 **Il est possible d'apporter de nombreuses nuances à l'expression. Pour chacune des questions ci-dessous, classez les réponses possibles *b, c, d* dans un ordre logique.**

1. Est-ce qu'il est sympathique ?

a. [1] Oui, très sympathique.
b. [ ] Il paraît.
c. [ ] Je crois que oui.
d. [ ] Il n'a pas l'air.
e. [5] Non, pas du tout.

2. Tu crois qu'elle réussira ?

a. [1] Je sais qu'elle réussira.
b. [ ] J'ai de sérieux doutes.
c. [ ] Elle a de bonnes chances.
d. [ ] Pas sûr.
e. [5] Je suis sûr que non.

3. Est-ce qu'il dit la vérité ?

a. [1] Oui, il dit la vérité.
b. [ ] Il refuse de dire la vérité.
c. [ ] Il hésite à dire la vérité.
d. [ ] Il considère qu'il dit la vérité.
e. [5] Non, il ne dit pas la vérité.

4. Il pourra faire ce travail ?

a. [1] Oui, sans problème.
b. [ ] Difficilement.
c. [ ] Je pense que oui.
d. [ ] Peut-être
e. [5] Non, il en est incapable.

5. Est-ce qu'il aimerait vivre à la campagne ?

a. [1] C'est ce qu'il veut.
b. [ ] Il aimerait bien.
c. [ ] Il en a la possibilité.
d. [ ] Il n'a pas le choix.
e. [5] Il ne le veut surtout pas.

6. Tu vas accepter sa proposition ?

a. [1] Bien sûr que oui.
b. [ ] Ce n'est pas impossible.
c. [ ] Certainement, pourquoi pas ?
d. [ ] Je ne crois pas.
e. [5] C'est hors de question.

7. Est-ce qu'elle vient ?

a. [1] Oui, elle vient.
b. [ ] Elle ne devrait pas venir.
c. [ ] Il se peut qu'elle vienne.
d. [ ] Elle est bien obligée.
e. [5] Non, elle ne vient pas.

8. Qu'est-ce que tu en penses ?

a. [1] C'est absolument génial.
b. [ ] Ça pourrait être mieux.
c. [ ] C'est excellent.
d. [ ] C'est plutôt intéressant.
e. [5] C'est très mauvais.

2 **Pour les deux questions suivantes, trouvez deux réponses *b* et *c*.**

1. Vous êtes d'accord avec lui ?

a. Tout à fait.
b. ....
c. ....
d. Absolument pas.

2. Vous avez aimé ?

a. Énormément.
b. ....
c. ....
d. Pas du tout.

B. Vocabulaire

3 **Voici l'extrait d'une interview. Retrouvez dans la liste ci-contre les réponses à chacune des questions.**

1. Vous aimez la lecture ? ***d***

2. Quel type de livres lisez-vous ? ....

3. Et pour quelles raisons lisez-vous ce type de livres ? ....

4. C'est-à-dire ? ....

5. Des journaux ? ....

6. Et la télé, vous la regardez souvent ? ....

7. Quelles émissions regardez-vous ? ....

8. Est-ce que ces émissions littéraires vous apportent quelque chose ? ....

9. Pouvez-vous me donner un exemple ? ....

a. Des romans, des romans d'amour, des romans policiers.

b. J'aime bien les émissions littéraires.

c. Je lis aussi la presse.

d. Oui, beaucoup.

e. Oui, ça me permet de me tenir au courant, de savoir que tel roman est sorti... Ça me donne envie quelquefois de l'acheter...

f. Parce que je peux oublier la vie de tous les jours. Mais je ne lis pas que des romans.

g. Par exemple, j'ai acheté le dernier roman de Paul Lemaire.

h. Pas tellement, ça dépend des jours.

i. Oui, des journaux, des magazines.

C. Savoir-faire

4 **Consultez le tableau ci-dessous.**

- **Les questions fermées**
  – Vous lui avez téléphoné ?
  – Comment s'appelle-t-il ?
- **Les questions ouvertes**
  – Comment voyez-vous l'avenir ?
  – Pourquoi avez-vous accepté ?
- **Les questions relais**
  – Par exemple ?
  – À quel point de vue ?
- **Les questions miroir**
  – Je suis désolé.
  – Vous êtes désolé ?
  – J'ai commis une erreur.
  – Une erreur ?

Dans chacun des cas suivants, indiquez de quel type de question il s'agit.

	Questions
*Ex. : **Elles invitent à passer aux faits.***	***relais***
1. Elles ne créent pas le dialogue.	....
2. Elles sollicitent les opinions, les arguments, les thèses.	....
3. Elles renvoient sur l'interlocuteur ce qu'il vient de dire.	....
4. Celui qui les pose veut des précisions.	....
5. Elles obligent l'interlocuteur à s'interroger sur ce qu'il vient de dire.	....
6. Elles sont nécessaires quand l'interlocuteur s'exprime difficilement ou avec réserve.	....

10 points de vue

1 Lutter contre le chômage

A. Grammaire

L'expression de la cause

1

a. Complétez avec *car, comme, étant donné.*

1. .... tout le travail que j'ai, je dois me lever tôt demain.

2. .... il n'a rien dit, je suppose qu'il est d'accord.

3. Faites vos réservations à l'avance, ... les places sont limitées.

b. Complétez avec *à force de, de peur de, faute de, pour.*

1. Il n'est pas venu .... nous déranger.

2. .... travailler, il a réussi.

3. .... travail, il a échoué.

4. Il a été licencié .... avoir insulté le directeur.

2

a. Complétez avec *grâce à, à cause d(e), parce qu(e), sous prétexte qu(e).*

1. Elle a démissionné .... on lui a offert un meilleur emploi ailleurs.

2. Ma tête ne plaisait plus au patron et j'ai été licencié .... j'arrivais en retard au bureau.

3. Il a été promu directeur .... ses relations.

4. Le chômage augmente .... ralentissement de la croissance.

b. Dites autrement les phrases de l'exercice *a.*

*Ex. : Sa démission tient au fait qu'**on lui a offert un meilleur emploi ailleurs.***

1. Mon licenciement s'explique par le fait que ...., et non pas à cause de ....

2. Sa nomination au poste de directeur est due au fait qu'il ....

3. L'augmentation du chômage découle du fait que ....

B. Vocabulaire

3 **Le texte suivant est un extrait d'article de presse. Complétez-le à l'aide des termes ci-contre.**

> Jacqueline, 53 ans, comptable, est (1) .... chômage depuis trois mois. Le poste qu'elle a (2) .... pendant 25 ans a été (3) .... « *Avec l'ordinateur*, lui a-t-on expliqué, *plus besoin de comptable. Nous devons donc vous* (4) .... » Pour l'avenir, Jacqueline n'est pas très (5) .... « *Ce sera dur*, prédit-elle, *je crois que je ne retrouverai pas de* (6) .... *avant longtemps.* »

(1) au, du, en
(2) développé, occupé, travaillé
(3) embauché, renvoyé, supprimé
(4) délocaliser, frapper, licencier
(5) brillante, modeste, optimiste
(6) boulot, croissance, mobilité

4 **Chassez l'intrus.**

Ex. : travail – travailler – travailleur – ~~entreprise~~.

1. investissement – travail – emploi – boulot.

2. chômeur – demandeur d'emploi – employeur – sans-emploi.

3. carrière – fiscalité – promotion – avancement.

4. embaucher – licencier – recruter – engager.

5. mode – textile – bâtiment – fonctionnaire.

6. ouvrier – ingénieur – diplôme – styliste.

5 **Faites correspondre les verbes de la colonne A aux termes de la colonne B.**

A		B
1. se retrouver	*b*	**a.** la croissance
2. embaucher	...	**b.** au chômage
3. relancer	...	**c.** la production
4. délocaliser	...	**d.** du personnel

A		B
1. consulter	...	**a.** une belle carrière
2. faire	...	**b.** le temps de travail
3. réduire	...	**c.** les petites annonces
4. subventionner	...	**d.** un secteur en difficulté

C. Lecture

6 **Chaque année se tient à Paris le *Salon de l'Emploi*, pendant cinq jours.**

Le graphique ci-contre nous indique que, lors de ce dernier salon, le nombre de visiteurs a sensiblement varié d'un jour à l'autre. Les raisons de ces variations sont expliquées dans le texte ci-dessous, extrait d'un compte rendu sur les points forts du salon.

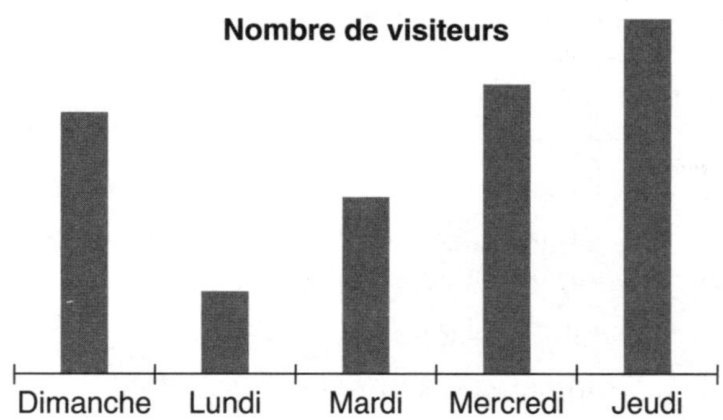

Cinq phrases de ce texte ont été supprimées. Retrouvez chacune d'elles parmi les huit phrases *a* à *h* proposées.

> Le Salon de l'Emploi s'est tenu à Paris du 3 au 7 mars et a accueilli près de 130 000 visiteurs.
>
> Le premier jour, un dimanche, 25 000 personnes se sont rendues au salon. [1 ....] Il tient aussi au fait que ce premier jour était un dimanche, que les gens ne travaillaient pas.
>
> Le lendemain lundi a été la pire journée en raison de la grève du métro et également en raison du mauvais temps. [2 ....] La pluie ajoutée à la grève a découragé les éventuels visiteurs.
>
> Heureusement, le mardi, tout est revenu à la normale : [3 ....]
>
> [4 ....]
>
> Le Salon a pris fin le jeudi, avec ce jour-là, près de 35 000 entrées. Le succès de ce dernier jour est dû aux nombreuses manifestations culturelles de la journée. [5 ....] Le Salon de l'Emploi s'est donc terminé en musique.

a. Ce succès s'explique pour trois raisons.

b. Ce jour-là, en effet, il a plu toute la journée.

c. Ce beau succès est dû à une remarquable campagne publicitaire.

d. De plus, les stands étaient loués à des prix très élevés.

e. La grève a pris fin et le beau temps était de retour.

f. Plusieurs concerts étaient organisés.

g. Le jour suivant a connu un grand succès car l'entrée était gratuite.

h. La première année a été très décevante à cause du manque de publicité.

2 Faire face à la mondialisation

A. Grammaire

L'expression de la conséquence

1 Complétez avec *parce qu(e)* pour exprimer la cause ou avec *si bien qu(e)* pour exprimer la conséquence.

1. Félix a le droit de voter .... il a plus de 18 ans.

2. Il exagère toujours .... il faut se méfier de ce qu'il raconte.

3. Elle est toujours fatiguée .... elle travaille trop.

4. On a supprimé tous les droits de douane .... les marchandises circulent librement.

5. J'ai des horaires flexibles .... je peux sortir du bureau plus ou moins tôt.

2 Complétez avec *tellement, tellement d(e), tel.*

1. Cette entreprise est .... puissante qu'elle domine toutes les autres.

2. Elle a perdu .... argent qu'elle a abandonné les affaires.

3. J'ai un .... besoin de repos que je vais prendre des vacances.

4. Il était .... incompétent qu'il a fini par être licencié.

5. Il parle .... bien français qu'on pense qu'il est français.

3 Complétez les phrases suivantes.

1. Il travaille tellement qu(e) ....

2. Les progrès techniques sont si rapides qu(e) ....

3. Elle est restée si longtemps au chômage qu(e) ....

4. La situation économique s'est améliorée, de sorte qu(e) ....

5. Mon entreprise a délocalisé sa production, si bien qu(e) ....

4 Complétez avec *aussi, donc, et.*

1. On n'arrêtera pas la mondialisation. Il faut .... s'y adapter.

2. C'est la troisième fois que les articles nous sont livrés avec retard. .... devons-nous vous rappeler l'importance des délais de livraison.

3. Les progrès techniques ont été trop rapides .... il n'a pas réussi à s'adapter.

5 Complétez les phrases suivantes.

1. Il a vécu longtemps à l'étranger ; c'est la raison pour laquelle ....

2. Je prends l'avion demain matin ; c'est pourquoi ....

3. Avec sa maladie, il a été contraint de ....

4. L'augmentation de la concurrence entraîne ....

5. Ce cours de français m'a permis de ....

B. Lecture

6 **Les deux messages suivants sont extraits d'un forum Internet. Six phrases de ces messages ont été supprimées. Retrouvez-les parmi les phrases *a* à *e*.**

Sujet	Que vous apportent Internet et les technologies de l'information ?
Message 1	Pour moi, Internet, c'est d'abord un fantastique outil de travail. [1..........] Je peux y trouver toutes sortes d'informations. Par ailleurs, j'utilise beaucoup le courrier électronique. C'est simple, rapide, sûr, bon marché. Je fais aussi quelques achats sur Internet. [2..........] C'est pratique, il y a un grand choix et on n'a pas besoin de se déplacer. Comme je m'intéresse à la bourse, je peux également suivre en direct l'évolution des cours. [3..........] Et puis, enfin, grâce à Internet, j'ai pu retrouver des amis de jeunesse, dont j'avais perdu la trace depuis longtemps.
Message 2	Il y a 30 ans, j'écrivais quelques lettres. [4..........] Mais aujourd'hui, c'est effrayant, je dois répondre à un nombre toujours plus impressionnant de messages. Je suis noyé dans une masse d'informations, dont la plupart ne présente aucun intérêt. Sur mon répondeur vocal, dans ma boîte de réception, les messages continuent à s'accumuler. [5..........] Je suis sur le point de craquer.

a. Je répondais à quelques coups de fil.
b. Je passe mes ordres sur Internet.
c. J'achète surtout des livres et des disques.
d. C'est comme une immense bibliothèque.
e. Mon téléphone n'arrête pas de sonner.

C. Écriture

7 **Participez au forum en rédigeant votre propre message.**

Sujet	Que vous apportent Internet et les technologies de l'information ?
Message	....

Je déclare accepter les *conditions d'utilisation du forum.*

Envoyer

3 Comparer les modèles éducatifs

A. Grammaire

L'expression de l'opposition

1 Complétez les phrases avec *alors que, contrairement à, au lieu de, en revanche.*

1. Chez vous, il n'est pas très difficile d'entrer à l'université. Dans mon pays, ..., les places sont très chères.

2. Tu ferais mieux de travailler tes maths .... jouer à l'ordinateur.

3. J'ai fait des études à l'étranger, ... mes amis sont restés au pays.

4. .... ce que tout le monde pensait, il a échoué à ses examens.

2 Complétez les phrases en choisissant la bonne réponse.

1. Je trouve les étudiants d'ici très individualistes. Dans mon pays, en revanche, ...

a. ☐ tout le monde travaille.
b. ☐ on partage ses connaissances.
c. ☐ chacun reste dans son coin.

2. On m'avait dit que c'était un professeur ennuyant. Au contraire, ...

a. ☐ je le trouve passionnant.
b. ☐ il est vraiment désagréable.
c. ☐ on s'ennuie un peu avec lui.

3. Contrairement à son frère qui a beaucoup voyagé, elle n'a jamais...

a. ☐ voyagé avec lui.
b. ☐ voulu se marier.
c. ☐ quitté sa ville natale.

4. J'aime bien les langues. En revanche, ...

a. ☐ j'adore le français.
b. ☐ je préfère l'anglais.
c. ☐ je déteste les maths.

5. Mes amis prennent leurs vacances en été. Quant à moi, je préfère...

a. ☐ les accompagner.
b. ☐ partir en hiver.
c. ☐ manger au restaurant.

6. Aujourd'hui, il y a 2000 étudiants étrangers dans cette université alors qu'ils ... il y a 10 ans.

a. ☐ étudiaient à la maison
b. ☐ n'étaient que 300
c. ☐ étaient seulement 2800

7. Au lieu de ..., pourquoi ne nous aiderais-tu pas ?

a. ☐ ne rien faire
b. ☐ nous rendre service
c. ☐ faire des efforts

8. Pierre est à l'opposé de Paul, l'un est gai comme un pinson, ...

a. ☐ il est malheureux comme les pierres.
b. ☐ l'autre est toujours triste.
c. ☐ le deuxième est content comme tout.

3 Complétez les phrases.

1. Dans l'école française, les élèves sont notés sur 20 alors qu(e) ....

2. Au lieu d(e) ...., les étudiants n'arrêtent pas de bavarder.

3. Le jeudi la bibliothèque est ouverte jusqu'à 22 heures tandis qu(e) ....

4. Ici, les cours sont gratuits. Là-bas, en revanche, ...

5. Mon frère fait des études scientifiques. Quant à moi, ...

B. Lecture

4 **Dans le texte ci-dessous, un enfant raconte sa journée à l'école. Lisez ce texte, puis indiquez si les affirmations suivantes sont vraies ou fausses.**

> ***Leçon de choses,*** méthode d'enseignement qui consiste à familiariser les enfants avec des objets usuels, des productions naturelles (sciences physiques, naturelles)
> *Le Petit Robert*

Leçon de choses

Demain, nous a dit la maîtresse, nous aurons une leçon de choses tout à fait spéciale ; chacun de vous devra apporter un objet, un souvenir de voyage, de préférence. Nous commenterons chaque objet, nous l'étudierons, et chacun d'entre vous expliquera son origine et les souvenirs qui s'y rattachent. Ce sera, à la fois, une leçon de choses, un cours de géographie et un exercice de rédaction.

– Mais quel genre de choses il faudra apporter, mademoiselle ? a demandé Clotaire.

– Je vous l'ai déjà dit, Clotaire, a répondu la maîtresse. Un objet intéressant, qui ait une histoire. Tenez, ça fait de cela quelques années, un de mes élèves a apporté un os de dinosaure, que son oncle avait trouvé en faisant des fouilles. Un de vous peut-il me dire ce qu'est un dinosaure ?

Agnan a levé la main, mais on s'est tous mis à parler des choses qu'on apporterait, et avec le bruit que faisait la maîtresse en tapant avec sa règle sur son bureau, on n'a pas pu entendre ce que racontait Agnan.

En arrivant à la maison, j'ai dit à Papa qu'il fallait que j'apporte à l'école une chose qui serait un beau souvenir de voyage.

– C'est une bonne idée, ces cours pratiques, a dit Papa. La vue des objets rend la leçon inoubliable. Elle est très bien, ta maîtresse, très moderne. Maintenant voyons… Qu'est-ce que tu pourrais bien apporter ?

– La maîtresse a dit, j'ai expliqué, que ce qu'il y aurait de mieux, c'était les os de dinosaure.

Joachim a des ennuis, une aventure du petit Nicolas,
SEMPÉ – GOSCINNY, Éditions Gallimard

	Vrai	Faux
1. La maîtresse demande à ses élèves d'apporter un os de dinosaure.	☐	☐
2. Agnan veut savoir ce qu'est un dinosaure.	☐	☐
3. Les élèves rejettent immédiatement le projet de la maîtresse.	☐	☐
4. Chaque élève devra expliquer d'où vient l'objet qu'il apporte.	☐	☐
5. Les enfants font du bruit avec leur règle.	☐	☐
6. Les élèves devront écrire un texte sur ces choses qu'ils apportent.	☐	☐
7. Dans la classe de la maîtresse la discipline n'est pas très stricte.	☐	☐
8. Le père du petit Nicolas n'apprécie pas les méthodes pédagogiques de la maîtresse.	☐	☐

4 Faire un tour de la presse

A. Grammaire

L'expression de la concession

1 Complétez avec les mots suivants :
bien qu(e), malgré, pourtant, même si, sans, sauf

1. Il a placé ses économies en bourse, ... les risques.

2. Le directeur a pris sa décision .... consulter le personnel.

3. .... il ne connaisse pas bien le français, il se débrouille.

4. Il est directeur et .... il n'a aucune compétence.

5. .... tu es malade, tu dois aller au travail.

6. La banque est ouverte tous les jours, ... le week-end.

2 Complétez les phrases en choisissant la bonne réponse.

1. Un accord a été signé, mais il n'empêche…
a. ☐ qu'un conflit reste toujours possible.
b. ☐ que la paix est garantie.
c. ☐ qu'il faut signer bientôt.

2. Il a beau être un bon coureur, …
a. ☐ il a remporté la première place.
b. ☐ il n'a jamais gagné aucune course.
c. ☐ il a obtenu la médaille d'or.

3. Le président n'est pas populaire, mais…
a. ☐ il est très aimé du peuple.
b. ☐ il a néanmoins perdu les élections.
c. ☐ il a tout de même été réélu.

4. Cet article est intéressant, encore…
a. ☐ qu'il soit un peu long.
b. ☐ que ses idées sont contestables.
c. ☐ qu'il ait beaucoup d'intérêt.

5. Il a été condamné à une lourde peine malgré…
a. ☐ il est innocent.
b. ☐ le manque de preuve.
c. ☐ la cruauté de son crime.

6. Elle sera nommée ministre à moins que…
a. ☐ le président ne s'y oppose.
b. ☐ un coup de malchance.
c. ☐ son parti perd les élections.

7. J'ai été jugé sans que…
a. ☐ son avocat est présent.
b. ☐ j'ai pu me défendre.
c. ☐ la procédure ait été respectée.

8. Il dit qu'il est ponctuel, or…
a. ☐ il ne supporte pas les retardataires.
b. ☐ il respecte les délais.
c. ☐ il est toujours en retard.

3 Complétez les phrases suivantes.

1. J'ai essayé plusieurs fois de t'appeler, mais ....
....

2. Elle n'était pas invitée à la réunion, mais elle
.... quand même.

3. Les consommateurs continuent à acheter malgré
....

4. Je n'arrive pas à dormir même en ....
....

5. Je ne te pardonnerai jamais, même si ....
....

6. Il n'y a plus de café, mais ....

7. Il a beau ...., il vit comme un pauvre.

B. Lecture

4 **Voici le début de quatre articles de presse, extraits de la rubrique des faits divers. Trouvez le titre de chacun de ces articles parmi les propositions *a* à *j*.**

1. ....

Un homme d'une cinquantaine d'année a été arrêté au moment où il réclamait le manuel d'utilisation d'une machine à coudre qu'il avait volée quelques semaines plus tôt au même endroit. ■

2. ....

Un homme de 29 ans, arrêté en flagrand délit de vol, a fait une révélation surprenante à la police. Il a déclaré qu'il ne commettait ses vols que lorsque son horoscope était favorable. ■

3. ....

Une femme au foyer, excédée par les pannes à répétition de sa nouvelle machine à laver, à forcé un technicien à la réparer en le menaçant avec une arme à feu. ■

4. ....

Une mamie de 65 ans a reconnu être à la tête d'un réseau de pickpockets qui « travaillaient » dans les principales villes de Floride depuis plusieurs années. ■

a. Il annonce son mariage pour recevoir des cadeaux.
b. Ils se marient dans un aquarium plein de requins.
c. La grand-mère mafieuse passe aux aveux.
d. Il se livre à la police pour voir un match de football.
e. Le voleur revient chercher le mode d'emploi.
f. Son lave-linge défectueux la conduit en prison.
g. Un loup échappé du zoo sème la panique.
h. Une femme de 65 ans met au monde son premier enfant.
i. Elle vend son âme sur Internet !
j. Un cambrioleur amateur d'astrologie.

C. Écriture

5 **Voici le début d'un article de presse. Imaginez la suite en rédigeant un texte de 130 mots environ.**

La Gazette* de *français.com

Faits divers

Un doigt dans un paquet de riz

Une Japonaise a eu la surprise de trouver un morceau de doigt dans un paquet de riz acheté dans une épicerie de quartier.

....

....

....

....

....

....

....

ENTRAÎNEMENT
Diplôme de Français Professionnel B1 (CCIP)

A. COMPRÉHENSION ORALE

Partie 1

Vous allez entendre cinq informations, extraites d'un journal radiophonique.
Indiquez à quelle rubrique appartient chaque information.
Écoutez deux fois.

		•	**a.** Politique
Information **1.**	•	•	**b.** Économie
Information **2.**	•	•	**c.** Sciences
Information **3.**	•	•	**d.** Faits-divers
Information **4.**	•	•	**e.** Sports
Information **5.**	•	•	**f.** Culture
		•	**g.** Météo

Partie 2

Cinq personnes habitant Paris voyagent au Canada.
Écoutez-les et pour chacune d'elles, indiquez dans quel objectif elle voyage.
Écoutez deux fois.

		•	**a.** Faire du tourisme
Voyageur **1.**	•	•	**b.** Rendre visite à une amie.
Voyageur **2.**	•	•	**c.** Rencontrer un client.
Voyageur **3.**	•	•	**d.** Donner une conférence.
Voyageur **4.**	•	•	**e.** Suivre des études.
Voyageur **5.**	•	•	**f.** Apprendre le français.
		•	**g.** Occuper un nouvel emploi.

Partie 3

Vous allez entendre cinq salariés donner leur opinion sur un projet de grève.
Pour chacun d'eux, indiquez s'il est pour la grève, contre la grève ou sans opinion.
Écoutez deux fois.

Salarié **1.**	•		
Salarié **2.**	•	•	**a.** Pour
Salarié **3.**	•	•	**b.** Contre
Salarié **4.**	•	•	**C.** Sans opinion
Salarié **5.**	•		

Partie 4

Une cliente téléphone à une agence de voyages pour réserver une place d'avion.

Vous allez entendre cinq extraits de cet entretien. Pour chacun de ces extraits, lisez la phrase proposée, écoutez, puis répondez.

Écoutez deux fois.

❶ La cliente souhaite partir un :

a. lundi ❑
b. mardi. ❑
c. mercredi. ❑
d. jeudi. ❑

❷ La cliente devait partir à :

a. 13 h 20. ❑
b. 15 h 15. ❑
c. 17 h 10. ❑
d. 17 h 15. ❑

❸ Le nom de la cliente s'écrit :

a. Petibon. ❑
b. Pettitbon. ❑
c. Petitbon. ❑
d. Petibont. ❑

❹ On peut joindre la cliente au 01 34 65 ...

a. 20 69. ❑
b. 20 79. ❑
c. 20 89. ❑
d. 20 99. ❑

❺ La cliente souhaite retirer son billet :

a. aujourd'hui, dans la matinée. ❑
b. aujourd'hui, vers 19 h 00. ❑
c. demain matin. ❑
d. demain après-midi. ❑

Partie 5

***Portrait de manager* est une émission radiophonique au cours de laquelle un journaliste interviewe une personnalité du monde des affaires.**

Pour chaque extrait, lisez l'affirmation proposée, écoutez, puis dites si l'affirmation est vraie ou fausse. Si ce que vous entendez ne donne pas assez d'informations, choisissez *Non précisé*.

Écoutez deux fois.

	Vrai	Faux	Non précisé
1. Jade Latour travaille en Suisse.	❑	❑	❑
2. Jade Latour dirige l'usine de Valence depuis deux ans.	❑	❑	❑
3. Jade Latour a moins de 30 ans.	❑	❑	❑
4. L'usine de Valence emploie 125 femmes.	❑	❑	❑
5. Jade Latour écrit des romans policiers.	❑	❑	❑

B. COMPRÉHENSION ÉCRITE

1 **Prenez connaissance des trois documents suivants.**

Complétez chaque phrase 1 à 3 en choisissant la réponse *a, b, c* ou *d* qui convient. Attention, une seule réponse convient.

De : adupuy@ilcf.eu
À : Françoise Fortin
Objet : Arrivée à Paris.
Date : 5/03/2015
Bonjour, Françoise,
J'ai bien noté l'heure de ton arrivée. Comme convenu, j'irai te chercher demain matin à l'aéroport.
À bientôt.
Annick

1. Nous sommes le 7 mars. Il est 20 heures. Françoise est arrivée à Paris :

- **a.** Il y a trois jours. ❒
- **b.** Avant-hier. ❒
- **c.** Hier. ❒
- **d.** Aujourd'hui. ❒

OFFRE DE STAGE
Poste : Informatique.
Localisation : Montréal / Québec.
Description : Pour participer à son développement européen, une société en pointe dans les nouvelles technologies de l'information recherche une personne de langue maternelle allemande, parlant couramment français et anglais, et ayant une formation technique de haut niveau.

2. Cette offre de stage peut intéresser :

- **a.** un artisan. ❒
- **b.** un commercial. ❒
- **c.** un linguiste. ❒
- **d.** un ingénieur. ❒

ASSISTANCE TECHNIQUE
0707 007 73

Notre support technique est à votre disposition de 8 H 00 à 20 H 00.

Les 5 premières minutes sont gratuites. Ensuite, l'appel est facturé 0,30 € la minute.

3. Le prix d'un appel dépend :

- **a.** De l'heure de la journée où vous appelez. ❒
- **b.** D'où vous appelez. ❒
- **c.** De votre opérateur téléphonique. ❒
- **d.** De la durée de votre appel. ❒

2 **Prenez connaissance des quatre graphiques ci-dessous.**

Ces graphiques indiquent le résultat des ventes de motos et des ventes de scooters dans quatre différents magasins pendant les trois premiers mois de l'année.

Quel est le commentaire qui correspond à chacun de ces graphiques ?

Pour chaque graphique 1 à 4, choisissez le commentaire *a* à *d* qui convient.

■ Ventes de motos □ Ventes de scooters

Graphique 1 → Commentaire

....

....

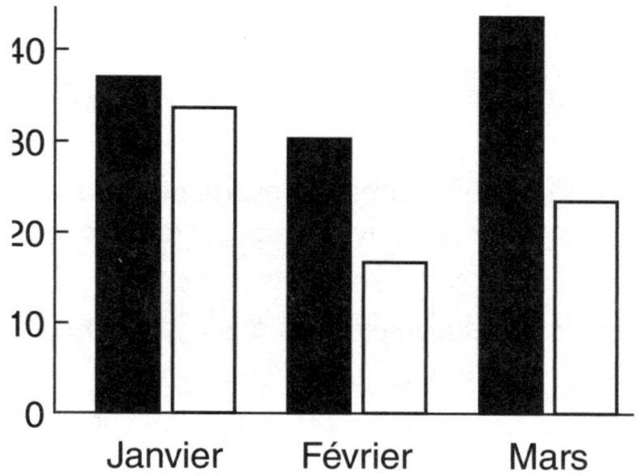

Graphique 2 → Commentaire

....

....

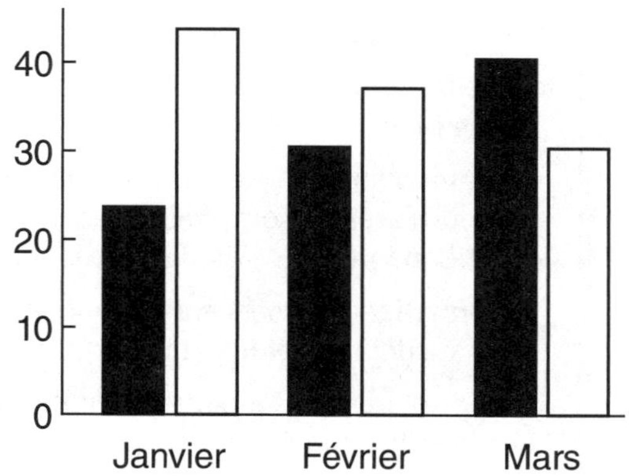

Graphique 3 → Commentaire

....

....

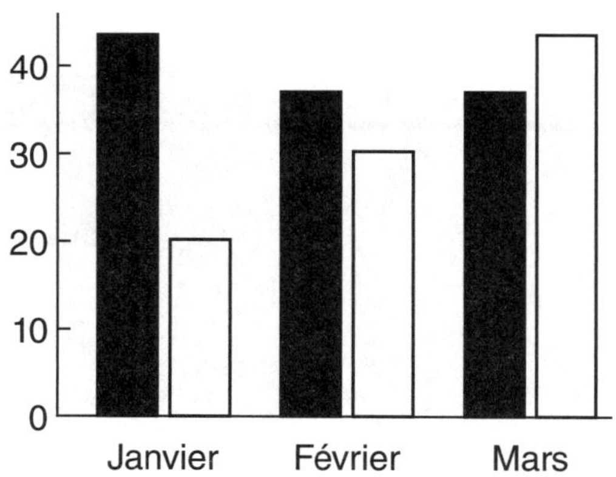

Graphique 4 → Commentaire

....

....

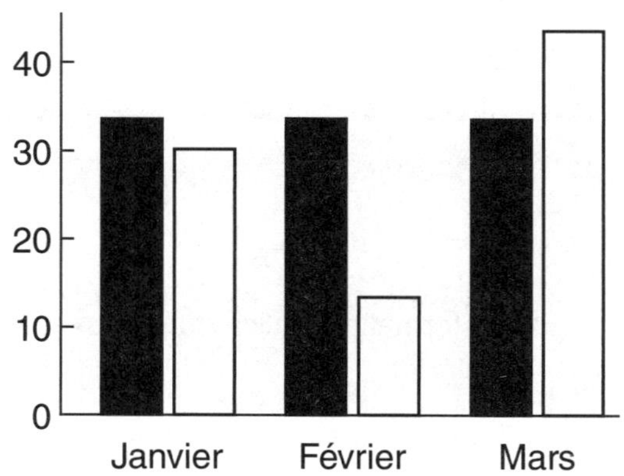

Commentaires

a. Les ventes de motos sont restées stables tout au long du trimestre alors que les ventes de scooters ont fluctué d'un mois à l'autre.

b. Les ventes de motos ont constamment augmenté alors que celles de scooters ont constamment baissé.

c. En janvier les ventes de motos dépassaient très largement les ventes de scooters.

d. Les ventes de motos ont toujours dépassé les ventes de scooter.

3 **Vous venez de recevoir le courriel suivant.**
Pour chaque affirmation 1 à 5, choisissez la réponse *vrai*, *faux* ou *non précisé* qui convient.

De : Service du personnel
À : Ensemble du personnel
Date : 12 mars 2012 11:09
Objet : Formation Galica
PJ : programme, fiche d'inscription

Nous vous informons qu'une formation d'une journée au logiciel Galeca sera organisée les 17 et 18 avril. Les personnes intéressées choisissent l'un ou l'autre jour.

Cette formation sera assurée par madame Brigitte Laburthe, de la société Medialog. Elle se tiendra au 55 rue Malar, dans la salle polyvalente du troisième étage.

La formation s'adresse exclusivement aux utilisateurs actuels de Galeca. L'objectif est de permettre à ceux qui ont un réel besoin de Galica dans leur travail quotidien d'utiliser ce nouveau logiciel dans toutes ses fonctionnalités.

La formation commencera à 9 h 00 et se terminera à 17 heures. Vous trouverez en pièce jointe le programme détaillé selon l'emploi du temps.

Les personnes qui souhaitent bénéficier de cette formation sont priées de me retourner la fiche d'inscription ci-jointe complétée avant le 31 mars.

Pour toute question, n'hésitez pas à me contacter.

Floriane Fisher
Assistante
KM8 International
55 rue Malar
75007 PARIS

	Vrai	**Faux**	**Non précisé**
1. La formation Galica dure deux jours.	❒	❒	❒
2. La formation aura lieu dans les locaux de Medialog.	❒	❒	❒
3. Brigitte Laburthe connaît bien Galica.	❒	❒	❒
4. Floriane Fisher travaille au service du personnel de KM8 International.	❒	❒	❒
5. Comme vous utilisez Galica dans votre travail, cette formation est obligatoire pour vous.	❒	❒	❒

4 **L'article suivant raconte l'histoire des premiers restaurants *McDonald's* en France.**
Lisez cet article, puis pour chaque question 1 à 5, choisissez la réponse *a*, *b* ou *c* qui convient.

L'arrivée des *McDo* en France

D'après l'histoire officielle, le premier restaurant *McDonald's* a été inauguré à Strasbourg, une ville située à l'est de la France, le 17 septembre 1979. Mais en réalité, contrairement à la version officielle, le premier *McDo* a été ouvert en France en 1972, soit sept ans plus tôt, par un homme d'affaires français du nom de Raymond Dayan. En effet, cette année-là, la firme américaine accorde à Raymond Dayan l'exclusivité de l'exploitation en France des restaurants *McDo*.

La même année, Raymond Dayan ouvre le premier *McDo* à Créteil, une ville située près de Paris. Un an plus tard, il ouvre un second restaurant à Paris, sur les Champs-Élysées, puis un troisième l'année suivante, et ainsi de suite pour arriver à 14 restaurants.

En 1977, les affaires sont florissantes. Les 14 restaurants de Raymond Dayan servent environ 6 millions de repas par jour. La firme avait consenti à Raymond Dayan une redevance de 1,5 %, bien en deçà des droits de 10 à 20 % qu'elle consentait habituellement. Elle lui propose de lui racheter ses restaurants. Raymond Dayan refuse.

La firme américaine envoie alors des équipes d'inspecteurs dans les restaurants de Raymond Dayan. Le verdict tombe rapidement : d'après les inspecteurs, les restaurants ne respectent pas les normes d'hygiène et de qualité de l'enseigne. La maison mère de *McDonald's* invoque ce prétexte pour mettre fin au contrat de franchise et Raymond Dayan saisit la justice américaine. En 1979, en pleine bataille judiciaire. *McDonald's* ouvre officiellement le premier restaurant à Strasbourg.

En 1982, la justice américaine donne raison à... la direction américaine. Raymond Dayan peut garder ses restaurants, mais pas sous le nom de *McDonald's*. Cette année-là, il rebaptise donc ses restaurants *O'Kitch*.

1. D'après l'auteur de cet article, *McDonald's* est arrivé en France en :

a. 1972. ❒ **b.** 1977. ❒ **c.** 1979. ❒

2. Raymond Dayan a ouvert son restaurant sur les Champs-Élysées en :

a. 1972. ❒ **b.** 1973. ❒ **c.** 1974. ❒

3. D'après l'auteur de l'article, la société McDonald's voulait racheter les restaurants parce que Raymond Dayan :

a. ne respectait pas le contrat. ❒
b. ne lui versait pas assez d'argent. ❒
c. avait des restaurants très sales. ❒

4. Combien de restaurants au nom de *McDonald's* y avait-il en France en octobre 1979 ?

a. 1. ❒ **b.** 14. ❒ **c.** 15. ❒

5 **L'article suivant concerne les conditions de réussite d'une expatriation.**
Cet article est incomplet.
Pour chaque mention manquante 1 à 5, choisissez la réponse *a, b, c* ou *d* qui convient.

Comment préparer une expatriation

Vous partez travailler à l'étranger ? Attention ! Une expatriation signifie un changement de culture, une nouvelle langue, un nouveau poste. Il faut bien se préparer à ces nouveautés.

Le changement professionnel est généralement le plus facile : le salarié connaît souvent ses nouveaux **(1.)** ..., il est attendu. En cas de mobilité interne, le salarié expatrié retrouve les mêmes méthodes et le même environnement de travail. Il va passer l'essentiel de ses journées au sein de l'entreprise, dans un environnement **(2.)** ... et protégé.

En fait, la principale difficulté est la famille. Le conjoint (généralement la femme) doit parfois **(3.)** ... sa carrière professionnelle, les enfants doivent quitter leurs copains, le système d'enseignement est différent, le cadre de vie (logement, climat) peut beaucoup varier. Bref, la famille se trouve confrontée au quotidien à un environnement bien différent.

L'entreprise ne doit donc pas **(4.)** ... la famille. Il faut trouver un logement et prendre en charge les formalités administratives. Il faut **(5.)** ... accompagner la famille dans son intégration. Pour cela, l'entreprise doit aider le conjoint à rencontrer des gens, à apprendre la langue, à comprendre les pratiques locales.

(1.)	**a.** actionnaires ❒	**b.** camarades ❒	**c.** collègues ❒	**d.** partenaires ❒
(2.)	**a.** connu ❒	**b.** dangereux ❒	**c.** étranger ❒	**d.** risqué ❒
(3.)	**a.** abandonner ❒	**b.** aimer ❒	**c.** continuer ❒	**d.** préparer ❒
(4.)	**a.** aider ❒	**b.** assister ❒	**c.** compter ❒	**d.** oublier ❒
(5.)	**a.** aussi ❒	**b.** maintenant ❒	**c.** pourtant ❒	**d.** rarement ❒

C. EXPRESSION ÉCRITE

Vous venez de recevoir ce courriel d'une amie française.

Retirer msg Nouveau msg Répondre Transférer Classer Suivant Imprimer Sécurité Supprimer Arrêter

De : Claire Bonnet
À : vous@français.com
Objet : Recherche de stage

Bonjour,

Je voudrais te demander un service.

Je vais terminer mes études dans quelques mois et je suis maintenant à la recherche d'un stage pour l'été dans une entreprise. Je souhaiterais faire ce stage dans ton pays. Ce serait pour moi une occasion d'acquérir une expérience professionnelle, de pratiquer la langue et de découvrir une autre culture. Pourrais-tu trouver une entreprise qui accepterait de m'engager ?

Amitié,

Claire

En fonction des recherches que vous avez effectuées, répondez à Claire, soit positivement, soit négativement. En cas de réponse positive, donnez des détails sur l'entreprise, le type de travail, le moyen de contacter l'entreprise, etc. Si votre réponse est négative, expliquez pourquoi.
Écrivez de 80 à 100 mots.

Retirer msg Nouveau msg Répondre Transférer Classer Suivant Imprimer Sécurité Supprimer Arrêter

De : vous@français.com
À : Claire Bonnet
Objet : RE : Recherche de stage

....

....

....

D. EXPRESSION ORALE

Vous travaillez à dans une grande entreprise. Vous partagez un espace avec dix autres personnes.

Que pensez-vous de cet aménagement de l'espace de travail ?

- **Communication.**
- **Concentration.**
- **Coût.**

Parlez environ deux minutes.

ENTRAÎNEMENT
DELF PRO B1

A. COMPRÉHENSION ORALE

1. Clara Weber vous donne des conseils.

Clara Weber dirige un cabinet de recrutement. Elle vous donne des conseils pour réussir votre entretien d'embauche.

Lisez les questions, écoutez, puis répondez.

D'après Clara Weber, que devez-vous répondre aux questions du recruteur ?

Écoutez deux fois.

❶ **Si le recruteur vous dit : « Parlez-moi de vous »...**

a. Expliquez pourquoi le poste vous intéresse. ❐

b. Parlez de vous pendant cinq minutes. ❐

c. Donnez des détails sur vos études. ❐

❷ **Si le recruteur veut connaître vos opinions politiques...**

a. Parlez d'autre chose. ❐

b. Répondez brièvement. ❐

c. Refusez de répondre. ❐

❸ **Si le recruteur veut connaître votre religion...**

a. Parlez d'autre chose. ❐

b. Répondez brièvement. ❐

❹ **Si le recruteur vous demande si vous voulez des enfants...**

a. Répondez que vous n'en voulez pas. ❐

b. Dites que vous en aurez peut-être plus tard. ❐

c. Refusez de répondre. ❐

❺ **Si le recruteur vous demande combien vous voulez gagner...**

a. Dites qu'il faut négocier. ❐

b. Donnez un chiffre approximatif. ❐

c. Donnez un chiffre précis. ❐

2. Vous visitez un salon.

Vous visitez le salon des équipements de loisirs à Paris. À côté de vous, une visiteuse discute avec le représentant de la société Nimax, un fabricant d'animaux en plastique.

Lisez les questions, écoutez, puis répondez.

Écoutez deux fois.

❶ **Qui sont les principaux clients de Nimax ?**

....

....

....

....

❷ **Quel pourcentage de la production est faite en France ?**

a. 70 %. ❐

b. 100 %. ❐

c. Non précisé. ❐

❸ **Nimax emploie .... personnes.**

❹ **Nimax vend ses produits dans .... pays**

❺ **Dans quel pays Nimax exporte-t-elle le plus ?**

a. L'Allemagne. ❐

b. La Belgique. ❐

c. L'Italie. ❐

❻ **L'agent de Nimax au Canada s'appelle :**

a. Obage. ❐

b. Obbage. ❐

c. Obbaje. ❐

❼ **Quel pourcentage de son chiffre d'affaires Nimax réalise-t-elle aux Etats-Unis ?**

a. environ 2 %. ❐

b. moins de 2 %. ❐

c. plus de 2 %. ❐

B. COMPRÉHENSION DES ÉCRITS

L'article suivant parle d'un tournoi de poker un peu particulier.
Lisez ce texte, puis répondez aux questions suivantes.

Jouez au poker et gagnez un stage

Pour recruter, il n'est plus besoin de CV ni de lettre de motivation, ni d'entretien d'embauche. Pour trouver des stagiaires, l'agence de publicité H a eu une idée simple et originale: organiser un tournoi de poker. Agence «recrute menteur», dit l'annonce de H, de façon un peu provocante.

Le tournoi aura lieu le 26 novembre dans la cantine de l'entreprise, transformée pour l'occasion en salle de jeu. L'inscription se fait sur le site Internet de l'agence et seuls les 80 premiers inscrits pourront concourir. Seule condition d'inscription: être étudiant en fin de cursus dans l'une des quatorze écoles sélectionnées par l'agence et dont la liste est consultable sur le site de l'agence.

Les huit premiers gagnants pourront effectuer un stage de cinq mois à Paris. Ils seront rémunérés au tarif habituellement pratiqué dans la profession: 1 000 € par mois. Des stages pourront être également proposés «à des candidats qui n'auront pas gagné, mais qui auront marqué les recruteurs».

L'agence H veut mettre en place «un espace de rencontre plus riche» que celui de l'entretien habituel. «*Contrairement à un entretien classique, un tournoi de poker peut être beaucoup instructif sur la personne*, explique Elisabeth Billiemaz, la directrice générale de l'agence. Nous passerons quatre ou cinq heures avec les étudiants, contre une heure maximum pour un entretien. *Nous pourrons détecter des talents utiles dans la publicité, comme la créativité, l'anticipation, la malice ou encore la résistance au stress.*». Il est prévu que les organisateurs du tournoi s'asseyent au côté des joueurs, non pas pour jouer, mais afin de mieux examiner la personnalité des candidats.

Mais pourquoi le poker? «*En fait, il n'y a pas de raison particulière. Nous aurions pu choisir un autre jeu*, répond Elisabeth Billiemaz. *Nous avons choisi le poker parce que nous venions de réaliser une campagne de publicité pour un site de jeu de poker.*».

Mais l'agence H veut aussi - et même surtout – faire parler d'elle. Grâce à la médiatisation de cet événement, elle cherche à se faire connaître du public et notamment des étudiants des meilleures écoles. «*Les métiers de la publicité attirent de moins en moins les jeunes*, justifie Elisabeth Billiemaz. *De plus, nous sommes une jeune agence, plutôt méconnue. Ce tournoi de poker est pour nous une façon d'attirer des jeunes diplômés des grandes écoles, en mettant l'accent sur une approche ludique du travail.*»

L'agence H n'est pas la première à adopter de telles méthodes de recrutement. L'Oréal, par exemple, a récemment organisé un jeu vidéo, baptisé Reveal. Ce jeu proposait à tout étudiant, quel que soit son profil, de découvrir les métiers de l'Oréal et de s'évaluer. De cette façon, l'entreprise cherche à s'adresser à la «net génération», une génération née avec l'informatique, connectée sur le monde, créative. Un type de personnalité très recherché par le fabricant de cosmétiques.

Mais ces méthodes de recrutement sont parfois critiquées. Pour commencer, certains se demandent si elles sont légales. En effet, peut-on recruter sur des critères autres que le profil et les compétences? D'après Maître Savarin, un avocat spécialisé en droit du travail, il n'y a pas de problème. «*Pour que le recrutement soit légal, il suffit que les critères de recrutement soient connus de tous, ce qui est bien le cas dans l'annonce de l'Agence H"*, précise-t-il.

De plus, la campagne publicitaire de l'agence H n'est pas du goût de tout le monde. Pour Anaïs, étudiante dans une école de commerce, la publicité est choquante. «*Sur les affiches, on voit un garçon qui fait l'idiot, avec un masque ridicule sur le nez, et surtout, ce qui me choque le plus, c'est une fille dans une robe moulante, provocante, plus que suggestive. En tant que femme, je me sens humiliée*», dit-elle.

Enfin, que penser du slogan? L'agence H «recrute menteur». Ce type de valeur est-il compatible avec l'esprit de coopération généralement prôné par les responsables des ressources humaines?

❶ **Que suggère le premier paragraphe ?**

a. L'agence H propose un mode de recrutement un peu spécial. ❒

b. Les CV et les lettres de motivation ne sont plus utiles. ❒

c. Les entreprises recrutent des candidats qui savent mentir. ❒

d. Pour l'agence H, les entretiens d'embauche ne servent à rien. ❒

❷ **Le tournoi de poker aura lieu :**

a. dans les locaux d'une école. ❒

b. dans le restaurant de l'agence H. ❒

c. dans une salle de jeu louée par l'agence. ❒

d. en ligne, sur le site de l'agence. ❒

❸ **Pour pouvoir participer au tournoi de poker de l'agence H, vous devez :**

a. savoir très bien jouer au poker. ❒

b. étudier dans l'une des écoles choisies par l'agence H. ❒

c. être diplômé d'une grande école. ❒

d. être sélectionné par l'agence H. ❒

❹ **Pour obtenir un stage :**

a. il suffit d'être dans les 80 premiers à s'inscrire au tournoi. ❒

b. un seul moyen : gagner le tournoi. ❒

c. vous devez gagner toutes les parties. ❒

d. il n'est pas nécessaire de gagner. ❒

❺ **Pendant le tournoi, les recruteurs :**

a. joueront avec les participants. ❒

b. auront un entretien d'une heure maximum avec chaque participant. ❒

c. pourront observer les participants pendant plusieurs heures. ❒

d. resteront loin des joueurs, pour ne pas les gêner. ❒

❻ **Pourquoi l'agence H a-t-elle choisi le poker de préférence à un autre jeu ?**

a. C'est le jeu le plus instructif. ❒

b. C'est un jeu bien connu de tous. ❒

c. L'agence veut recruter des menteurs. ❒

d. Un peu par hasard. ❒

❼ **Ce tournoi de poker permet à l'agence H de recruter des stagiaires. Quel est l'autre avantage ?**

....

....

....

❽ **Pourquoi l'agence H a-t-elle du mal à recruter des jeunes des grandes écoles ? Citez deux raisons.**

1. ....

....

2. ....

....

❾ **En organisant un jeu vidéo, L'Oréal veut attirer :**

a. des passionnés de jeux. ❒

b. des informaticiens. ❒

c. des jeunes gens créatifs. ❒

d. des créateurs de jeux. ❒

❿ **D'après Maître Savarin, le tournoi de poker est-il un mode de recrutement légal ?**

a. Oui ❒

b. Non ❒

Pourquoi ?

....

....

....

⓫ **Personnellement, Anaïs ressent la campagne publicitaire de l'agence H comme une :**

a. provocation. ❒

c. idiotie. ❒

b. humiliation. ❒

d. chose ridicule. ❒

⓬ **Que suggère la question à la fin de l'article ?**

a. Les joueurs de poker sont des menteurs. ❒

b. L'esprit de coopération est nécessaire au fonctionnement des entreprises. ❒

c. Généralement, les entreprises mettent en avant l'esprit de coopération. ❒

d. La coopération est plus importante que la compétition. ❒

C. PRODUCTION ÉCRITE

Chaque mois, le journal de l'entreprise présente un salarié nouvellement recruté. Vous êtes arrivé(e) il y a un mois et le journal vous contacte.

Vous faites part de votre expérience : vous racontez votre installation, décrivez votre poste et donnez vos impressions (160 mots minimum).

D. PRODUCTION ET INTERACTION ORALES

1 **Présentez votre point de vue.**
Dégagez le thème soulevé par chacun des documents suivants et présentez votre opinion.
Pour chaque thème, parlez environ trois minutes.

Internet au bureau

Au travail, les salariés utilisent souvent Internet à titre personnel. Certains passent même plusieurs heures par jour sur les réseaux sociaux ou sur des sites de jeux. Des employeurs interdisent à leur personnel d'utiliser Internet à des fins privées. Pour Marc Becker, professeur à l'Université du Mans, cette interdiction absolue n'est pas une bonne solution. «*La «pause Internet» au bureau augmenterait la concentration et l'efficacité des salariés*», explique Marc Becker.

Le télétravail a de l'avenir

Un télétravailleur est une personne qui travaille principalement chez elle, en utilisant des moyens informatisés et de télécommunication mis à disposition par son employeur. Actuellement, le télétravail ne représente qu'une part négligeable de l'activité en entreprise. Pour Marc Becker, professeur à l'Université du Mans, ce mode de travail devrait devenir majoritaire dans les années à venir. «*Le télétravail présente des avantages aussi bien pour les entreprises que pour les salariés*», explique Marc Becker.

2 **Jouez à deux.**
Au cours d'un voyage d'affaires, vous passez deux nuits dans un hôtel à Paris. Vous venez de passer une première nuit. La chambre ne vous convient pas. Vous allez à la réception pour faire une réclamation.

Client et réceptionniste, discutez pendant environ 4 minutes.

TRANSCRIPTION DES ENREGISTREMENTS
TEST DE PLACEMENT
DFP B1 – DELF PRO B1

TEST DE PLACEMENT

1 Vous parlez français ?

a. Non merci.
b. Ça va bien, et vous ?
c. Oui, un peu.

2 Vous travaillez où ?

a. Je travaille beaucoup.
b. Je travaille à Paris.
c. Je travaille tous les jours.

3 Qu'est-ce que c'est ?

a. C'est un agenda électronique.
b. Il est ingénieur.
c. C'est monsieur Bernardin.

4 Excusez-moi, vous connaissez la rue Victor Hugo ?

a. C'est un écrivain.
b. C'est la première à droite.
c. C'est au dernier étage.

5 Allô ! Bonjour, je voudrais parler à monsieur Duc, s'il vous plaît.

a. Monsieur Duc est libre.
b. Je suis d'accord avec vous.
c. C'est de la part de qui ?

6 Est-ce que vous êtes disponible demain matin ?

a. Pas de problème, je suis libre toute la matinée.
b. Désolé, je suis en retard.
c. Non, je viens en voiture.

7 À quelle heure part le prochain train pour Bruxelles ?

a. Il faut environ une heure.
b. À 10 h 40.
c. C'est le premier train.

8 Qu'est-ce qu'il y a dans la salade de fruits ?

a. Il y a beaucoup de tomates.
b. C'est un gâteau au chocolat.
c. Des pommes, des poires, des fraises...

9 Vous avez fait bon voyage ?

a. J'ai seulement une valise.
b. Excellent, merci.
c. Mon avion était complet.

10 Quel est le prix de cette veste ?

a. C'est une veste à la mode.
b. Je ne porte pas de veste.
c. C'est 150 euros.

DFP B1

Partie 1

• Un journaliste présente un journal radiophonique.
• Vous allez entendre cinq informations, extraites de ce journal.
• Indiquez à quelle rubrique appartient chaque information.

Information 1
Une fusée Ariane avec à son bord le satellite d'observation Spot 5 a été lancée hier soir, à 22 h 30, 1 h 30 en temps universel, du centre spatial de Kourou. Spot 5 permettra de mieux observer les eaux et forêts de notre planète.

Information 2
Les bourses européennes ont clôturé en nette baisse aujourd'hui. Cette baisse a touché l'ensemble des secteurs, mais elle a été particulièrement marquée pour les valeurs technologiques.

Information 3
L'artiste espagnol Miguel Gutierrez expose son œuvre au Palais de la Ville jusqu'à la fin du mois. L'exposition rassemble 130 peintures, sculptures et céramiques qui ont été réalisées par l'artiste dans les dix dernières années.

Information 4
Manuel, un garçon de 12 ans, a été arrêté jeudi pour avoir fabriqué de faux billets de 10 euros. Manuel avait utilisé un ordinateur pour scanner les deux côtés du billet. Il s'est fait prendre à la fête de son école, au moment où il utilisait un billet pour acheter une glace.

Information 5
Le Suisse Alex Zuelle a remporté la 4e étape du tour cycliste de Romandie devant le Français David Moncoutié. Le parcours avait été raccourci de 23 km en raison de chutes de neige. Frigo reste en tête du classement général.

Partie 2

• Cinq personnes habitant Paris voyagent au Canada.
• Vous allez entendre ces cinq personnes.
• Pour chacune d'elles, indiquez dans quel objectif elle voyage.

Voyageur 1
Je vais voir une amie que je n'ai pas vue depuis 20 ans. On a fait nos études ensemble à Paris. Après, elle s'est installée au Canada et moi, je suis restée en France. On s'était perdu de vue, et il y a quelques mois, on s'est retrouvé, grâce à Internet.

Voyageur 2
Ma société vient de racheter une entreprise canadienne et on m'a proposé de diriger l'une des usines. Je pars pour trois ans au moins. Ma famille me rejoindra dans quelques mois, quand je serai un peu installé. C'est une nouvelle vie qui nous attend.

Voyageur 3
Tous les étés, je fais un voyage avec un groupe d'amis. C'est la deuxième fois qu'on va au Canada. On va louer une voiture et on va parcourir le pays d'est en ouest. C'est un pays magnifique, vous connaissez ?

Voyageur 4
Je dirige un laboratoire de recherche en biotechnologie, nous travaillons sur le diabète. Je vais à Montréal pour participer à un colloque scientifique. Je vais présenter les résultats de nos recherches.

Voyageur 5
Je travaille au service commercial d'une entreprise française, je m'occupe du marché nord-américain. Je fais beaucoup d'allers-retours entre l'Europe et l'Amérique. Cette fois-ci, je vais au Canada pour négocier avec un nouvel acheteur.

Partie 3

• Les salariés de l'entreprise MP4, un fabricant de matériel informatique, envisagent de faire grève.
• Vous allez entendre cinq salariés de MP4 donner leur opinion sur ce projet de grève.
• Pour chacun d'eux, indiquez s'il est pour la grève, contre la grève, ou alors sans opinion précise.

Salarié 1
Écoutez, moi, je n'ai jamais fait grève de ma vie et c'est pas maintenant que je vais commencer. Je crois qu'il y a d'autres façons de régler les problèmes, et je peux vous dire que même si tout le monde fait grève, eh bien, moi, j'irai travailler.

Salarié 2
C'est triste à dire, mais dans cette boîte, la direction ne négocie que sous la contrainte. Ici, il faut commencer par faire grève pour se faire entendre, c'est la seule manière. On fait grève, et après, on peut commencer à négocier ; je ne vois pas d'autres moyens.

Salarié 3
Il ne faut pas oublier qu'une journée de grève, c'est une journée de salaire en moins. Autrement dit, faire grève, ce n'est pas une décision à prendre à la légère, il faut bien réfléchir. Alors, pour l'instant, franchement, je ne sais pas, il y a du pour et du contre.

Salarié 4
Écoutez, ça fait cinq ans que nos salaires n'ont pas été revalorisés. Moi, je pense qu'il est plus que temps de faire quelque chose, cette fois-ci il faut frapper un bon coup, ça ne peut plus durer comme ça.

Salarié 5
Ils me font rire avec leur grève, je suis sûr que ça ne servirait à rien. On va obtenir 1 % d'augmentation et puis on

va nous enlever 2 % d'un autre côté. C'est comme ça que ça va se passer, vous allez voir. De toute façon, on va se faire avoir. Non, franchement, cette grève, je ne vois pas l'intérêt.

Partie 4

• Une cliente téléphone à une agence de voyage pour réserver une place d'avion.
• Vous allez entendre cinq extraits de cet entretien.
• Pour chacun de ces extraits :
– lisez d'abord la phrase proposée,
– puis écoutez,
– et enfin, complétez la phrase en indiquant votre réponse.

Extrait 1
– Agence Botour, bonjour.
– Bonjour, je voudrais réserver un aller-retour Paris-Berlin.
– À quelle date souhaitez-vous voyager, Madame?
– Je voudrais partir le 3 mars.
– Le jeudi 3 mars, n'est-ce pas?
– Oui, c'est ça.

Extrait 2
– Vers quelle heure souhaitez-vous partir?
– Dans l'après-midi, si possible.
– Je peux vous proposer un vol à 13 h 20.
– C'est un peu tôt.
– Le vol suivant est à 15 h 15.
– Et quelle est l'heure d'arrivée?
– L'arrivée est prévue à 17 h 10.
– C'est parfait.
– Celui de 15 h 15, alors...
– S'il vous plaît.

Extrait 3
– À quel nom dois-je réserver, Madame?
– Petibon, Charlotte Petibon. P-E-T-I-B-O-N.
– Petit sans « t » à la fin?
– Oui, c'est ça, et Petibon en un seul mot.
– Classe affaire ou classe économique?
– Économique, s'il vous plaît.

Extrait 4
– Ça nous fait donc... pour l'aller-retour... euh... un total de 2379 euros. À quel numéro peut-on vous joindre?
– Au 01 34 65 20 99.
– 01 34 65 20 99.

Extrait 5
– C'est enregistré, Madame. Voulez-vous que je vous envoie votre billet?
– Non, je passerai le retirer à votre agence. Demain, c'est possible?
– Bien sûr, et même aujourd'hui, si vous voulez.
– Je préfère demain. Votre agence ouvre à quelle heure?
– À 8 h 30, et nous sommes ouverts sans interruptionjusqu'à 19 h 00.
– Je passerai assez tôt, vers 9 heures, je pense.
– Très bien, Madame. À demain!
– Au revoir.

Partie 5

• « *Portrait de manager* » est une émission radiophonique au cours de laquelle un journaliste interviewe une personnalité du monde des affaires.
• Vous allez entendre cinq extraits d'une même interview.
• Après chacun de ces extraits, indiquez si l'affirmation proposée est vraie ou fausse.
• Si ce que vous entendez ne donne pas suffisamment d'informations pour répondre « Vrai » ou « Faux », choisissez « Non précisé ».
• Pour chaque extrait :
– lisez d'abord l'affirmation proposée,
– puis écoutez,
– et enfin, indiquez votre réponse.

Extrait 1
– Jade Latour, bonjour.
– Bonjour.
– Jade Latour, vous êtes suisse, ingénieur de formation, ancienne élève de l'École Polytechnique de Genève. Vous dirigez actuellement une usine de près de 200 salariés, qui est située dans le sud de la France.
– C'est bien ça, l'usine se trouve plus précisément à Valence, pas bien loin de la Suisse.

Extrait 2
– Depuis quand dirigez-vous cette usine?
– Depuis deux ans.
– Et avant, que faisiez-vous?
– J'ai travaillé pendant trois ans comme ingénieur.
– À Valence?
– Oui, oui, dans cette même usine.

Extrait 3
– Permettez-moi de vous poser une question indiscrète. Vous dirigez une entreprise importante, mais vous êtes très jeune. Est-ce que je peux vous demander votre âge?
– J'ai 29 ans.
– Ce n'est pas un problème d'être aussi jeune?

Extrait 4
– De plus, vous êtes une femme. C'est habituel de trouver une femme à la tête d'une usine comme la vôtre?
– Non, c'est plutôt rare, trop rare, je dois dire.
– Est-ce que les femmes sont nombreuses dans l'usine?
– Il y a une majorité de femmes. Mais trois femmes seulement, dont moi-même, occupent un poste de direction.

Extrait 5
– Combien d'heures par semaine travaillez-vous?
– Beaucoup, une cinquantaine d'heures peut-être. Mais je ne travaille jamais à la maison. Quand je suis chez moi, j'écris.
– Vous écrivez?
– Oui, des romans.
– Des romans? C'est intéressant. Quel type de romans écrivez-vous?
– Des romans policiers.
– Que vous publiez?
– Absolument.
– Mais je ne comprends pas. Vous travaillez cinquante heures par semaine, et vous trouvez le temps d'écrire des romans.

1. Clara Weber vous donne des conseils.

Souvent, au début de l'entretien, le recruteur vous demande de parler de vous. C'est la question habituelle du recruteur qui n'a pas préparé son entretien et qui se dit je vais gagner un peu de temps pour relire le CV. Donc, parlez-moi de vous, eh bien, non, surtout, ne parlez pas de vous. Ce que vous devez faire, c'est expliquer pourquoi vous êtes là, expliquez pourquoi l'emploi vous intéresse, par exemple, si vous avez 25 ans, dites en quoi vos études vous ont préparé à ce poste, parlez une minute, une minute 30, le temps pour le recruteur de relire votre CV et de pouvoir vous poser d'autres questions. Si au cours de l'entretien, le recruteur vous demande quelles sont vos opinions politiques, la réponse est très simple, il faut lui dire franchement monsieur, ou madame, de mon point de vue, cette question est une question discriminatoire, je ne souhaite pas y répondre. C'est pareil pour toute question concernant la religion, il faut dire clairement qu'on ne souhaite pas répondre. Il y a une autre question, clairement discriminatoire, c'est une question qu'on pose plutôt aux femmes, c'est celle de savoir si vous souhaitez avoir des enfants. Et là, moi qui suis une femme, bien que ce soit une question clairement discriminatoire, je répondrais que oui, c'est bien possible que j'aie des enfants un jour, mais pas tout de suite, c'est une réponse standard, qui ne dit pas grand-chose et qui n'engage à rien. À la fin de l'entretien, une question fréquente, c'est combien souhaitez-vous gagner. Alors, là, il ne faut jamais donner de chiffre précis, parce que si vous donnez un chiffre précis, il y a de fortes chances que vous vous trompiez. Ce qu'il faut faire, c'est donner une fourchette assez large, par exemple entre 40 000 et 45 000 euros, et avant l'entretien, il faut s'informer sur les salaires pratiqués dans le secteur, pour avoir une idée assez précise de ce que vous valez.

2. Vous visitez un salon.

– Alors, comme ça, vous fabriquez des animaux en plastique.
– C'est ça, des cochons, des chiens, des chats…
– Et aussi, apparemment, des animaux sauvages.
– Absolument, des lions, des serpents…
– On dirait des vrais.
– Oui, ils sont presque vrais. Regardez ce serpent, il bouge.
– C'est magique !
– Et il siffle.
– Il siffle ?
– Tenez, écoutez !
– Ah ! Ça fait peur ! Et vous les vendez à qui, vos bestioles ?
– Nos clients ?
– Oui, qui sont vos clients ?
– Nous vendons principalement aux parcs d'attractions.
– Aux parcs d'attractions.
– Oui, principalement.
– Des parcs pour les enfants ?
– C'est ça, pour les enfants, les enfants adorent nos animaux.
– Ils n'ont pas peur ?
– Les enfants ?
– Oui.
– J'espère que si, les enfants adorent avoir peur.
– Pas trop quand même. Vous produisez en France ?
– Tous nos produits sont fabriqués en France.
– Toute la production ?
– Absolument, tout est produit en France, sans exception, et la France est aussi notre premier marché. Vous trouverez nos produits un peu partout, à Disneyland à Paris, au parc Astérix, au Puy du fou…
– Vous ne vendez pas seulement en France, je suppose.
– Ah, non, bien sûr que non ! Nous exportons l'essentiel de notre production. Nous sommes une petite entreprise, avec seulement une trentaine de salariés, en fait, nous sommes exactement 30, mais nous sommes présents dans plus de 20 pays, 23 exactement, y compris la France.
– Bravo !
– Nous vendons beaucoup en Europe, en Allemagne surtout, l'Allemagne, c'est notre premier marché à l'exportation, mais nous sommes aussi présents en Italie, en Belgique, en… Vous êtes belge ?
– Belge ? Non, pourquoi belge ?
– Non, comme ça, je croyais.
– Je suis canadienne.
– Ah ! Canadienne ! C'est magnifique ! J'adore le Canada, un très beau pays, nous sommes aussi très présents là-bas. Nous avons un agent très efficace, une société québécoise qui s'appelle Obbage. Vous connaissez ?
– Si je connais quoi ?
– La société Obbage, O-deux B-A-G-E.
– Non, désolée.
– C'est elle qui distribue nos produits dans tout le pays. Le Canada, c'est environ 2 % de nos ventes. 2 %, c'est beaucoup plus que les États-Unis, beaucoup plus.
– Vous vendez aussi aux States ?
– Pardon ?
– Vous vendez aussi aux États-Unis ?
– Euh… oui, encore très peu, en fait, nous commençons. Pour l'instant, nous avons un client à Miami.
– Un seul client ?
– Oui, un seul. Pour l'instant. Vous travaillez dans quel domaine ?

Index grammatical

O

P

Q

R

S

T

U, V, Y

N° d'éditeur : 10176145 – Dépôt légal : Novembre 2011
Achevé d'imprimer en France par Hérissey à Évreux (Eure) - N° 117741